저자 소개

★ 기획 김민형 ★

영국 에든버러 국제수리과학연구소장이자 에든버러대학교 수리과학 석좌 교수이며, 한국고등과학원 석학 교수입니다. 한국인 최초로 옥스퍼드대학교에서 수학과 교수를, 워릭대학교에서 세계 최초로 '수학 대중화' 석좌 교수를 지냈습니다. 해마다 웅진재단 수학영재 멘토링프로그램에서 강의하고 있으며, 웅진씽크빅 자문을 하고 있습니다. 지은 책으로 《수학이 필요한 순간》《어서 오세요, 이야기 수학 클럽에》《삶이라는 우주를 건너는 너에게》 등이 있습니다.

★ 글 김태호 ★

동화 〈기다려!〉로 제5회 창비어린이 신인문학상을 받으며 작품 활동을 시작했습니다. 단편동화집 《제후의 선택》으로 제17회 문학동네어린이문학상 대상, 동화 〈산을 엎는 비틀거인〉으로 제7회 열린아동문학상을 받았습니다. 그림책 《아빠 놀이터》《엉덩이 학교》를 쓰고 그렸고, 청소년 소설 《별을 지키는 아이들》《일 퍼센트》 등을 썼습니다.

★ 그림 홍승우 ★

홍익대학교 시각디자인과를 졸업하고, 가족의 일상을 따뜻한 시선으로 그린 만화 《비빔툰》으로 만화 활동을 시작했습니다. 《다운이 가족의 생생 탐사》를 시작으로, 오랜 꿈이었던 어린이 과학 학습 만화를 여러 편 그려 왔습니다. 어려워 보이는 과학을 쉽고 재미있는 만화로 전달하는 것을 좋아한답니다. 그린 책으로 《올드》〈초등학생을 위한 양자역학〉(전 5권)〈소년 파브르의 곤충모험기〉(전 3권)〈수학영웅 피코〉(1, 2권)〈빅뱅스쿨〉(전 9권) 등이 있습니다.

초등학생을 위한 이야기 수학

김민형 교수의 수학 추리 탐험대

① 0과 1의 세계: 사라진 수학자

기획 김민형
글 김태호
그림 홍승우

북그라운드

"수학도 이야기가 될 수 있을까?"

제가 수학자의 길에 들어선 것도 어느새 수십 년이 되었습니다. 그동안 저는 사람들이 수학과 친해지길 바라는 마음에 수학을 대중화하는 활동과 강연에 많은 시간을 쏟아 왔습니다. 강연에서 만난 사람들이 "수학이란 무엇인가요?"라고 물으면 "세상을 정밀하게 이해하게 도와주는 도구입니다."라고 답하곤 했죠. 그렇게 대답하다 보니 세상의 기초를 이해하는 데 도움이 된다는 점에서 수학과 문학이 공통점이 있다는 생각이 들었습니다. 그러다 '수학도 이야기가 될 수 있을까?' 하는 질문을 떠올리게 되었지요.

이 질문의 답을 구하기 위해 저는 2023년 에든버러 국제수리과학연구소에서 '수학은 이야기인가?'라는 주제로 대담회를 열었습니다. 세계 최고의 수학자, 철학자, 문학가 세 명이 강단에 올랐고 관중들의 적극적인 참여 속에 열띤 토론이 이어졌지요. 하지만 만족할 만한 답을 찾아내지는 못했어요. 어쩌면 애초에 결론을 내리기 불가능한 주제였는지도 모릅니다.

사실 수학을 하나의 이야기라고 했을 때 문학과는 분명히 차이가 나는 지점이 있습니다. 좋은 소설은 배경지식이 없다고 해서 아예 이해가 안 된다거나 의미가 모호해지는 경우가 드뭅니다. 상식과 지식을 어느 정도 갖추고 있으면 소설이 품고 있는 문화적 전통을 소화할 수 있고 읽는 즐거움도 느낄 수 있지요.

그러나 수학은 수천 년 역사 중 어느 한 시대의 수학적 발견과 그 언어를 제대로 흡수하지 못하면 그다음을 전혀 이해할 수가 없습니다. 이렇듯 앞뒤 줄거리의 미세한 부분 부분이 무수한 가닥으로 연결된 복잡한 구조는 수학을 이야기로 즐기기 어렵게 하죠.

그렇지만 문학과 수학에는 공통점도 있습니다. 수학의 이야기 나무 역시 어느 시기에 가장 뛰어나다고 평가된 수학적 발견에 힘입어 새로운 실가지를 뻗어 나가고 어린 이파리들을 피워 내거든요. 즉, 수학과 문학이라는 나무는 '이야기'라는 공통의 뿌리를 지닌 셈입니다.

이런 생각을 이어 가다가 수학을 소설 형식에 담아내고 싶다는 생각에 이르렀습니다. 수학과 문학에 공통으로 스며 있는 이야기의 힘을 확인해 보고 싶었던 거죠. 재미도 있고 수학적 깊이도 있으면서 문학적 가치가 있는 작품을 꽤 오랫동안 찾아보았어요. 이미 세계 여러 곳에서 그런 시도가 있었던 터라 널리 알려진 수학 이야기들을 어렵지 않게 만날 수 있었습니다.

재미뿐 아니라 상상력을 자극하는 이야기를 기대했는데 대부분 조금씩 아쉬웠어요. 어린이를 대상으로 한 책들은 코믹성이나 판에 박힌 모험담 아니면 윤리관을 강조하는 이야기가 적지 않더라고요. 이 아쉬움을 풀기 위해서는 이야기를 직접 만들어야겠다는 생각이 들었습니다. 욕심이 앞선 나머지 얼마나 무모한 생각인지도 모르고 도전에 나섰습니다. 그러면서 피해야 할 기준 세 가지를 세웠습니다.

첫째, 수학의 '재미'에만 집중하는 것은 피하자. 사람들은 대부분 수학을 재미없어합니다. 그래서 일단 '수학은 재미있다.'라고 흥미를 끈 다음, 독자를 깊이 있는 수학 이론으로 이끄는 작전을 세우곤 하는데, 이것이 꽤 잘 먹히기는 해요. 그러나 이런 작전은 수학의 기초 개념을 전달하는 데는 효과가 있어도 계속 좋아하게 하는 데는 한계가 있습니다.

둘째, '수학자들의 멋있는 말만 나열하는' 겉멋에 빠지지 말자. 이런 전략은 대부분 사고의 진전에 도움이 되지 못하고 마치 이해한 것처럼 착각하게 이끌 우려가 있으니까요.

셋째, 수학을 그럴듯한 특수 효과로 사용하지 말자. 사실 뛰어난 문학 작품 중에도 수학을 다룬 이야기가 있습니다. 하지만 수학 개념과 이야기가 잘 어우러지지 않거나 수학을 단순히 하나의 소재로 활용한 수학 이야기라는 점에서 아쉬웠습니다.

이 책이 저의 깐깐한 기준을 만족시켰는지 궁금하다고요? 솔직히 몇 년에 걸쳐 이 책을 만들면서 정말 그런 수준에 이를 수 있을지 의심한 적이 많아요. 하지만 의미 있는 도전을 하려면 어떤 식으로든 다짐이 필요합니다. 최고의 대가들이 모였던 에든버러 대담회에서마저 결론을 찾기 힘들었던 문제인 만큼 불가능에 가까운 시도일지 모르지만, 제가 어릴 적에 읽고 싶었던, 그리고 아이들이 자라면서 읽게끔 하고 싶은 수학 이야기를 만들고 싶었습니다.

분에 넘치는 포부는 때로 일을 시작하기 어렵게 합니다. 불만족스럽다는 생각을 내보이면 "그렇다면 네가 한번 해 봐."라는 핀잔을 듣게 되고, 깐깐한 잣대에 비해 터무니없는 나의 실력이 탄로 나는 걸 감수해야 하죠. 그런 불안을 껴안고도 이 작업을 해 나갈 수 있었던 것은 혼자 만드는 책이 아니었기 때문입니다. 동화 전문가 김태호 작가, 학습 만화의 대가 홍승우 작가, 심리학을 전공한 SF 고수 김명철 박사, 콘셉트 아티스트 박지윤 작가, 공간 디자이너 강푸름 씨 그리고 서금선, 이은지, 최지은 편집자가 모여 드림

팀을 만들었지요.

사용하는 언어와 겪었던 경험이 서로 다른 사람들이 하나의 목표를 향해 나아가는 과정은 흥미로운 무질서가 들끓는 용광로와 같아요. 수학뿐만 아니라 다양한 텍스트와 그림, 역사와 미래, 가족과 친구, 선과 악, 삶과 죽음까지 인간의 관심사 전반에 걸쳐 토론하고 논의했답니다. 저의 서투른 사고를 보완하는 크고 작은 제안들이 끊임없이 쏟아졌고, 불쑥 튀어나온 아이디어가 예상을 뛰어넘는 장면으로 펼쳐질 때 탄성을 내지르기도 했어요. 이 작품의 가장 멋진 페이지들은 오롯이 동료들의 탁월한 능력과 팀워크가 빚어낸 성과입니다. '이야기'라고 하면 글보다는 말로 직접 전해야 한다는 느낌도 들지만, 책으로 만드니 여러 사람의 도움을 받을 수 있어서 정말 좋았습니다.

이들의 수고가 헛되지 않도록 저 역시 나름대로 애쓰고 있어요. 제가 이 책에 기여할 수 있는 부분은 주로 수학 이야기일 터이니 여러 해 동안 수학 대중화 활동을 하면서 아이들과 이야기한 경험을 살리려고 노력했습니다. 그리고 아빠와 아이들의 관계를 묘사할 때는 결국 우리 가족 이야기를 어느 정도 반영하지 않을 수 없었어요. 이전에 제가 큰아들한테 보낸 편지가 토대가 되어, 이 동화에도 아빠의 편지를 넣게 되었습니다. 만약 나에게 딸이 있다면 어떤 편지를 썼을까 생각하니 상상력이 신나게 뻗어 나갔답니다. 전에 썼던 편지들 이후에 축적된 과학, 문학, 세상 이야기를 상상의 딸들에게 풀어낼 멋진 기회잖아요.

재밌고 의미 있는 문학 작품에 수학을 녹여 내는 일이 얼마나 어렵고 먼 길인지 깊이 느끼는 시간이었습니다. 그렇게 4년여의 시간 동안 복잡하고 어려운 담금질을 견뎌 낸 노력의 산물이 한 권씩 완성되어 가는 게 꿈만 같아요. 이 결과물에 어떤 판단을 내릴지는 부모님이나 선생님이 아닌 어린 독자들에게 맡기려 합니다.

자, 그럼 저와 함께 수학의 세계로 탐험을 떠나 볼까요?

2024년 6월 영국 에든버러에서

김민형

 차례

시작하며 ✱ 4

등장인물 소개 ✱ 12

프롤로그 **미래를 보는 수학자** ✱ 16

제 1 화 **아빠를 찾아 런던으로** ✱ 34
아빠의 편지 ① 숫자는 어떻게 만들어졌을까 ✱ 48

제 2 화 **누가 이민형 박사를 데려갔나** ✱ 50
아빠의 편지 ② 0과 1로 이루어진 세계 ✱ 78

제 3 화 **부리 마스크를 쓴 침입자들** ✱ 82
아빠의 편지 ③ 옛날 사람들은 수를 어떻게 세었을까 ✱ 116

제4화 **우리 아빠는 비밀 연구원?** * 120
아빠의 편지 4 보이지 않는 작은 것들의 수학 * 146

제5화 **브레인 콘택트, 아빠의 머릿속 세계** * 148
아빠의 편지 5 수학과 추리의 공통점 * 172

제6화 **집 안 곳곳 숨겨진 단서 찾기** * 174
아빠의 편지 6 손가락으로 수를 얼마나 셀 수 있을까 * 186

만든 사람들 * 190

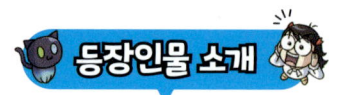

등장인물 소개

!! 방금 그건 뭐였…지?

이민형 42세

수학자이자 수인이와 제인의 아빠

미래를 예측할 수 있는 새로운 양자 컴퓨터를 개발하기 위해 영국 런던에 머무르고 있다. 몇 번의 시행착오 끝에 시뮬레이션에 성공하지만, 어느 날 실종된다.

메건 리 40세

전자 물리학자이자 이민형 박사의 아내

미국 항공우주국(NASA)의 '우주 빗자루 프로젝트' 사령관이다. 우주를 청소하기 위해 달 궤도에 설치된 국제 우주 정거장에서 지내고 있다.

안녕~, 얘들아~!

너, 딩가딩거 맞지?

이수인 12세

이민형, 메건 리 부부의 쌍둥이 딸(언니)

바이올리니스트가 꿈인 소녀. 말수가 적고 차분하며 시와 음악 등 예술적 감수성이 아주 뛰어나다. 아빠처럼 수학으로 세상을 바라보고 이해하려고 노력한다.

이제인 12세

이민형, 메건 리 부부의 쌍둥이 딸(동생)

청각 장애가 있어서 보청기를 착용한다. 축구 선수가 꿈이며, 독서나 예술보다는 바깥에서 자연을 탐구하며 뛰어노는 것을 좋아한다. 아빠는 잘 듣지 못하는 제인을 위해 세상을 소리로 보는 방법을 알려 준다.

이건 뭐야?

그만!

고영지 70세

이민형 박사의 어머니

초등학교 교사직을 은퇴한 후 쌍둥이를 돌보고 있다. 문학과 예술을 사랑하며, 건강을 위해 취미 삼아 마라톤을 한다. '영지 씨'로 불리는 걸 좋아한다.

딩가딩거

아빠가 길에서 만난 턱시도 고양이

아빠의 머릿속 세계를 안내한다.

딩가르~
딩거르~

부리 마스크 신원 미상

부리 마스크를 쓰고 정체를 숨긴 사내들

이민형 박사와 가족 주변을 맴돈다. 국제 해커 집단이 보낸 용병들로, 이 박사의 연구를 노리고 첸 박사를 위협한다.

이웃사촌이랍니다.

해리 오스틴 64세

시인이자 이민형 박사의 스승

이민형 박사와 문학적 교감을 나누는 친구이자 이웃사촌이다. 교수직에서 은퇴한 후 시와 평전을 쓰고 있다. 이 박사의 가족을 적극적으로 돕는다.

첸 위 45세

이 박사가 무슨 일을 해 왔는지 궁금하셨죠?

브레인 콘택트 연구소 소장

이민형 박사와 함께 영국의 대학교에서 수학을 전공했으며, 현재는 뇌와 양자 컴퓨터 인터페이스를 개발하는 신경 과학자로 활동하고 있다.

프롤로그

미래를 보는 수학자

이민형 박사는 지금 벌어진 일을 정확히 알고 있었다. '10분 후 미래'에 관한 정보가 있었기 때문이다.

비록 몇 분에 불과하지만 상자, 딩가딩거, 쥐, 자동차가 엉킨 한밤중 사고는 예측한 시나리오 그대로였다. 딩가딩거의 죽음은 매우 안타까웠지만 그렇다고 박사가 결과를 바꿀 수는 없었다.

성공적인 결과 앞에서 기쁨보다는 두려움이 커졌다. 최상의 결과가 있다면 최악의 상황도 대비해야 한다. 박사는 미래를 예측하는 능력이 앞으로 인류에게 어떤 영향을 끼칠지 매우 혼란스러웠다.

집으로 돌아와 불 꺼진 거실로 들어서던 이민형 박사는 우뚝 걸음을 멈춰 섰다.

"저, 저건 뭐지?"

작은 불빛이 거실 한가운데 공중에서 반짝거렸다. 건너편 집 거실 등이 반사된 걸까? 하지만 창밖에 불 켜진 집은 보이지 않았다.

더욱 이상한 점은 불빛이 움직이지 않고 허공에 그대로 멈춰 있다는 것이었다. 작은 불빛은 꺼졌다가 다시 켜지길 되풀이했다.

박사는 조심스럽게 불빛을 향해 다가갔다.

박사는 불빛이 있던 자리에 한참을 서 있었다. 하지만 불빛은 다시 나타나지 않았다. 그때 박사는 무언가 생각난 듯 손목시계를 확인하고는 서둘러 지하실로 내려갔다. 또 다른 10분 후 미래 예측 결과가 나올 시간이 다가온 것이다.

박사는 연구가 완성돼 갈수록 점점 불안해졌다. 가까운 동료에게조차 알리지 않고 혼자 은밀하게 연구해 오던 터였다. 그런데 어떻게 알았는지 주변에 박사의 연구 성과를 호시탐탐 노리는 사람들이 있었다.

이 박사의 집을 뒤진 자들이 흔적을 지우고 사라졌지만, 꼼꼼한 성격에 정리 습관이 몸에 밴 박사는 누군가 침입했음을 바로 알아챘다. 사라진 물건이 없는 것으로 보아 그들이 언제 또 들이닥칠지 모른다. 만약을 위한 대비가 필요했다.

박사는 지하 음악실로 향했다. 방음 시설을 갖춘 그곳에는 다양한 스피커와 전자 피아노, 기타, 바이올린, 드럼 등이 있었다. 악기는 제자리에 있었지만 종잇조각들이 바닥에 나뒹굴었다. 박사는 소파에 털썩 주저앉았다.

띠링! 그때 휴대 전화 메시지 알림이 울렸다.

이 박사는 주머니에서 휴대 전화를 꺼내다 손에 힘이 풀려 그대로 바닥에 떨어뜨렸다. 박사의 손이 머뭇거렸다. 첫 시험 대상은 딩가딩거, 두 번째는 박사 자신이었다. 미래를 보는 게 두려웠지만, 이제 와 멈출 수는 없었다.

'10분 후 내 미래는 어떻게 될까?'

휴대 전화를 집어 들었지만 막상 결과를 보려니 입이 바짝 말랐다. 박사는 마른침을 꿀꺽 삼키고는 화면 속 영상의 재생 버튼을 눌렀다.

시간, 날씨, 습관, 가족, 이웃, 방송, 거리의 CCTV(시시티브이), 인공위성, 차 블랙박스, 휴대 전화 등 이 박사와 관련된 모든 정보를 계산해서 미래를 예측해 재구성한 영상이다.

화면은 대체로 흐릿했다. 이따금 선명하게 드러난 형체에서 이민형 박사 자신의 모습이 보였다. 영상 속에서 박사는 거실 소파에 앉아 있었다. 잠시 후 그 주위로 낯선 사람들이 나타났다. 침입자들은 정체를 숨기기 위해 무언가로 얼굴을 가린 채였다.

박사는 영상 속 시간을 확인했다. 정확히 10분 뒤 벌어질 일이다. 시간이 얼마 남지 않았다. 이대로 시간을 허비할 수 없다. 도망쳐야 한다. 예측 결과가 틀릴 수도 있지만 일단 몸을 피하자! 박사는 서둘러 일어났다.

　쿠당탕!

　서두르다 계단 앞에 세워 놓은 기타 하나를 쓰러뜨렸다. 나뒹구는 기타를 뒤로한 채 그대로 계단을 뛰어 올라가던 박사는 지하 음악실 문 앞에서 우뚝 멈춰 섰다.

　'달아날 수 있을까?'

　사실 도망칠 곳도, 믿을 사람도 없었다. 게다가 도망친다고 결과가 바뀌지도 않을 것이다. 다리에 힘이 풀렸다. 박사는 손으로 벽을 짚으며 힘없이 거실로 나왔다.

　'엇!'

　거실 한가운데에 조금 전 보았던 불빛이 다시 나타났다. 마치 허공에 껍질이 벗겨져 생긴 얇고 투명한 상처 같았다. 허공의 상처는 그사이 휴대 전화 화면만큼 커져 있었다.

　'오류인가?'

　박사가 다가가서 손가락 끝으로 표면을 눌러 보았다. 비닐처럼 얇은 막이 살짝 힘을 주면 찢어질 것 같았다. 연구를 진행하면서 걱정했던 일이 결국 벌어졌다. 감춰야 했다.

　박사는 집 안을 둘러보았다. 벽면에 세워 둔 책장들이 눈에 들어왔다. 박사가 급하게 책장을 옮기려 하자 책이 와르르 쏟아졌다. 덕분에 책장이 비어 옮기기 한결 수월했다. 나머지 책장

도 끌어와 두 개를 맞붙였다. 상처 난 허공을 가리고 바닥에 쏟아진 책들을 집어 허겁지겁 꽂던 박사는 가족사진 액자를 발견했다. 쌍둥이 딸과 어머니, 아내 메건 리 박사와 자신이 사진 속에서 활짝 웃고 있었다. 아내가 '우주 빗자루 프로젝트'에 참여하러 떠나기 전 찍은 사진이었다.

'그렇지, 나의 가족!'

박사가 유일하게 믿을 수 있는 사람들이었다.

박사는 마음이 급해졌다. 액자를 원래 있던 자리에 두고, 떨어진 책 더미에서 T. S. 엘리엇 시집 1권과 2권을 찾았다. 2권은 책장에 꽂아 놓고 나머지 1권을 들고서 거실 건너편 서재로 달려갔다. 그러고는 메모지를 꺼내 급히 글을 적어 시집 안쪽에 넣었다. 쌍둥이 딸과 자주 이야기를 나눴던 시집이다. 한 번쯤 들춰 보리라.

박사는 가족이 늘 그리웠다. 아이들과 숲을 거닐며 함께 대화하던 기억이 떠올랐다. 가족들과 떨어져 연구에 매달린 이유는 바로 이 아름다운 추억을 지키기 위해서였다. 자신의 연구가 소중한 쌍둥이 딸이 살아갈 미래에 도움이 될 것이라고 생각했다. 하지만 예상을 뛰어넘는 성과가 나올수록 환호보다는 두려움이 더 커졌다.

이제 정말 시간이 없다. 곧 그들이 찾아올 것이다.

그때 휴대 전화가 울렸다. 전화를 받자 첸 박사의 다급한 목소리가 들렸다.

"어서 피해!"

새벽 2시 30분. 예정된 그 시간이었다. 예측이 빗나가길 바랐지만, 이번에도 정확했다. 영상에서 본 것처럼 정체불명의 침입자들이 박사에게 달려들었다.

꼼짝없이 붙들린 상황에서 박사는 마지막까지 가족사진에서 눈을 떼지 못했다. 비행기를 타려고 아침부터 한바탕 소란을 피우고 있을 쌍둥이의 모습이 떠올랐다.

피슝!

소음기를 단 권총이 어둠 속에서 번쩍 빛을 뿜었다. 사방은 고요했다. 침입자들은 정신을 잃은 박사를 데리고 뒷문으로 사라졌다. 잠시 후 검은 차 한 대가 빠른 속도로 주택가 도로를 빠져나갔다.

경찰차 서너 대와 구급차가 사이렌을 요란하게 울리며 이 박사의 집으로 향했다. 첸 박사의 신고를 받고 출동한 것이었다.

시끌벅적한 소리에 잠에서 깬 이웃 사람들이 이 박사의 집 앞에서 웅성거렸다. 경찰이 사람들을 비집고 박사의 집으로 들어갔다. 그러나 집 안은 아무 일 없었던 듯 조용했다. 경찰은 어떠한 침입 흔적도 발견할 수 없었다.

'납치 현장이 이렇게 멀쩡할 수가 있을까?'

사건 현장의 상황을 기록하던 경찰이 벽시계를 쳐다보더니 자신의 휴대 전화로 시간을 다시 확인했다. 휴대 전화에 표시된 시간은 새벽 3시였다. 벽시계가 고장난 것일까?

'11시.'

벽시계는 한국 시간에 맞춰져 있었다.

제1화
아빠를 찾아 런던으로

쪽지를 확인하던 매건 리 박사의 얼굴이 일그러졌다. 수인과 제인은 급하게 화면 밖으로 사라진 엄마에게 안 좋은 일이 생겼다는 것을 알 수 있었다. 잠시 후, 박사가 다시 모습을 드러냈다. 표정이 어두웠다.

"너희, 아빠랑 마지막으로 통화한 게 언제야?"
"어제저녁이요. 공항에 마중 나온다고 했는데, 왜요?"
제인이 말했다.
"그게…… 지금 아빠랑 연락이 안 된대. 엄마가 무슨 일인지 알아볼 테니 너희는 일단 공항 갈 준비를 하고 있을래?"

메건 리 박사는 이 박사의 동료인 첸 박사에게 연락해 보겠다며 영상 통화를 종료했다.

영지 씨와 쌍둥이는 다시 연락이 오길 기다리며 아무 말 없이 텅 빈 화면만 바라보았다. 시간이 느리게 흘러갔다.

잠시 후 화면이 지지직거리더니 메건 리 박사가 나타났다.

"아무래도 애들 아빠한테 무슨 일이 생긴 거 같아요. 어디 있는지, 어떤 상태인지 알 수가 없다네요. 경찰도 찾고 있다고 하니 좀 더 기다려 봐야 할 것 같아요."

불안한 눈빛으로 지켜보는 쌍둥이를 메건 리 박사가 달래 주었다.

"너희는 너무 걱정 마. 엄마가 계속 상황이 어떤지 첸 박사님과 연락을 주고받을 테니까. 곧 좋은 소식 있을 거야."

영지 씨는 눈물을 글썽이는 아이들을 보듬었다.

"그래, 경찰도 괜찮을 거라고 했으니, 걱정하지 말자. 우리가 가면 아빠는 아무 일 없이 돌아와 있을 게다."

영지 씨는 애써 덤덤하게 말했다. 그러나 제인은 자신의 어깨에 올린 영지 씨 손이 떨리고 있는 걸 느꼈다.

"영지 씨도 같이 갈 거예요?"

고개를 끄덕이는 영지 씨를 보며 아이들은 생각보다 더 큰 일이 벌어지고 있다는 걸 알아차렸다.

다행히 영지 씨는 아이들과 같은 비행기의 티켓을 구할 수 있었다. 공항은 언제나처럼 얼굴에 설렘이 가득한 사람들로 활기가 넘쳤지만 수인과 제인의 얼굴에는 그늘이 잔뜩 드리워져 있었다. 영지 씨는 한곳에 가만히 앉아 있지 못하고 자꾸 일어나 서성였다. 평상시와 다른 영지 씨의 모습에 수인과 제인도 점점 불안했다. 하지만 애써 태연한 척했다.
　런던행 비행기가 출발할 때까지 가족들은 거의 말이 없었다. 쌍둥이는 어서 빨리 아빠를 만나 걱정을 덜어 낼 수 있기만을 바랐다. 어느 때보다 긴 비행이 될 것 같았다.

수인은 비행 내내 가방을 꼭 끌어안고 있었다. 가방에는 아빠가 그동안 보낸 편지들이 들어 있었다.

편지는 늘 그렇듯이 '0과'로 시작했다. 수인은 천천히 아빠의 손 글씨를 읽어 내려갔다. 아빠의 편지는 수학에 대한 사랑으로 가득 차 있었지만, 문장 사이사이에는 가족에 대한 그리움이 배어 있었다.

편지는 언제나처럼 '1에게'로 끝났다. 아무것도 없는 0에서 이야기가 생겨난 1로 끝나는 것이기도 했고, 수인의 애칭 0으로 시작해 제인을 부르는 1로 마무리하는 것이기도 했다.

수인은 편지 중간에 적힌 문장을 웅얼거리듯 읽었다. '탐험'이라는 단어가 수인의 눈에 들어왔다.

"혹시 아빠가 탐험을 하다 수학에 빠져 있는 건 아닐까? 전에도 수학 문제를 풀다가 우리랑 한 약속을 잊어버린 적이 있으니까."

수인은 혼잣말로 중얼거렸다.

옆자리에 앉은 제인은 편지를 읽는 수인을 흘깃 보고는 아무 말 없이 눈을 감았다.

'아빠는 왜 늘 0이 먼저일까?'

제인은 사실 아빠의 편지를 볼 때마다 늘 '0과'로 시작하는 게 불만이었다. 한 번쯤 1부터 시작해도 될 텐데 그런 일은 없었다. 이번에 아빠를 만나면 분명히 따져 물을 거라 다짐했다. 그러려면 아빠가 꼭 집에 돌아와 있어야 했다.

제발! 제인은 기도하듯 두 손을 모았다.

숫자는 어떻게 만들어졌을까

0과

엄마가 보내 준 운동회 사진 기억나니? 아빠가 결승선을 1등으로 들어오는 순간 수인이가 오른손 주먹을 불끈 쥐고 있고, 제인이는 엄지척을 날려 주던 그 사진 말이야. 아빠는 그날 처음으로 제법 달리기를 잘한다는 사실을 알게 되었어.

보통 주먹을 0으로, 엄지를 1로 표현하여 0부터 10까지 셀 수 있지. 손가락 수를 셀 때도 그렇게 시작하는데 무려 1023까지 셀 수 있단다. 손가락 수를 세는 법은 다음에 가르쳐 줄게.

사람들이 수를 숫자로 표현하기 시작한 것은 수천 년 전 고대 문명부터였어. 초기에는 수마다 서로 다른 숫자를 만들어 썼는데 점점 큰 수를 표현하게 되면서 자릿수의 개념이 생겨났지. Ⅰ, Ⅱ, Ⅲ, Ⅳ와 같은 로마 숫자나 Α, Β, Γ, Δ와 같은 그리스 숫자도 기호를 반복해서 배열하되 더 큰 수는 새로운 기호로 표기하는 방식으로 썼어. 그러다 보니 수가 커질수록 표현하는 게 복잡해졌단다. 반면 0, 1, 2, 3, 4……의 아라비아 숫자는 0~9로 모든 수를 표현할 수 있어서 큰 수를 뜻하는 새로운 숫자를 만들 필요가 없어.

오늘날 아라비아 숫자가 널리 사용되는 데 결정적인 역할을 한 건 숫자 0이야. 0은 처음부터 존재했던 건 아니란다. 1~9까지의 숫자를 사용한 지 한참 후에야 만들어졌지. 628년 인도의 수학자 브라마굽타는 같은 두 수를 뺄셈하면 얻어지는 수가 0이며, 0은 아무것도 없음을 나타내는 수라고 정의했어.

여러 나라에서 저마다 다른 언어로 숫자를 만들었지만 대부분 0을 쓰지 않았어. 왜냐하면 0은 확실히 좀 특이한 면이 있기 때문이야. 어떤 수에 0을 더하거나 빼도 그 수는 변하지 않지만 0을 곱하면 모든 수가 0이 돼. 그리고 0을 포함한 어떤 수도 0으로 나눌 수 없지.

아빠가 너희를 왜 0과 1이라고 부르는지 조금 이해가 됐을까? 1에 대한 설명이 부족하다고 제인이가 투덜대지는 않을까 걱정이네. 수인이와 제인이가 0과 1의 의미에 대해 서로 티격태격하는 모습이 눈에 선하구나. 곧 만나서 이 이야기에 대해 깊은 토론을 펼쳐 보기를 기대할게.

제 2 화
누가 이민형 박사를 데려갔나

 열네 시간의 비행 후 도착한 영국은 해가 저물고 있었다.
 입국 심사를 거쳐 게이트로 나가면 언제나 그랬듯 아빠가 쌍둥이를 향해 반갑게 손을 흔들고 있을 것만 같았다. 그 모습을 떠올리자 쌍둥이의 발걸음이 빨라졌다.
 출구에는 정말 쌍둥이를 향해 손을 흔드는 사람이 있었다. 반가운 얼굴이었지만 아빠는 아니었다.
 공항에 마중을 나온 사람은 아빠의 가장 가까운 동료 첸 박사였다. 쌍둥이는 방학 때면 영국으로 와 첸 박사의 가족과 함께 여행을 다니곤 했다. 재미있고 유쾌한 첸 박사를 곧잘 따랐던 쌍둥이는 어두운 표정의 박사가 낯설게만 느껴졌다.

박사의 차를 타고 이동할 때도 차 안에 무거운 공기가 감돌았다. 복잡한 도로를 벗어나자 첸 박사가 룸 미러로 뒷좌석에 앉은 영지 씨를 살피며 조심스럽게 말을 꺼냈다.

"당분간 호텔에서 지내시는 게 어떨까요?"

"아닙니다. 이 박사 집으로 갈래요. 밤사이 돌아올 수도 있고, 집으로 연락이 올 수도 있잖아요."

영지 씨가 마른침을 삼키며 겨우 대답했다.

"이 박사의 행방을 찾으려고 지금 여러 사람이 애쓰고 있어요. 정부의 중요한 프로젝트를 맡고 있던 터라 영국 정부가 나서서 최선을 다해 찾을 겁니다."

"중요한 프로젝트요? 그게 뭔가요?"

영국 대학교에서 수학 교수로 있는 이 박사가 영국 정부를 위해 일한다는 건 영지 씨도 처음 듣는 이야기였다.

"이게 참……. 죄송한데 기밀이라 아직은 말씀드리기가 곤란합니다. 하지만 가족들에게 어느 정도까지는 공개하자고 정부를 설득하고 있습니다."

첸 박사는 알고 있는 상황이라도 최대한 말하기로 했다.

"어제 저희 집에도 녀석들이 침입했거든요. 아무것도 훔쳐 가지 않은 걸로 보아 분명 다른 뭔가를 노린 것 같았죠. 느낌이 이상해서 서둘러 이 박사에게 전화했는데……."

"녀석들이요? 그게 누군데요?"

제인이 참지 못하고 끼어들었다.

"글쎄……. 검은 옷에 부리 마스크를 쓴 자들이었어."

"그 사람들이 이 박사를 데려간 거예요? 왜요?"

첸 박사의 대답에 영지 씨가 다급하게 물었다.

"물건도 돈도 훔친 게 아니라면 대체 뭘 원하는 거죠?"

수인도 답답하기는 마찬가지였다.

"아마도…… 이 박사의 머릿속?"

전혀 예상하지 못한 말에 영지 씨와 쌍둥이는 눈을 동그랗게 뜨고 운전 중인 박사를 바라보았다.

어느새 차는 주택가로 들어서고 있었다. 불 꺼진 이 박사의 집은 스산하고 쓸쓸해 보였다.

"오늘은 일단 쉬시고요. 저는 내일 수사관을 만나서 좀 더 알아보고 다시 오겠습니다."

첸 박사가 가족들의 가방을 옮겨 주고 집을 나섰다.

"아빠의 머릿속을 훔친다……. 그게 대체 무슨 말일까?"

수인이 닫힌 현관문을 바라보며 첸 박사의 말을 곱씹었다.

"첸 박사님이 오직 아빠만 알고 있는 아주 중요한 게 있다고 했잖아. 그것 때문에 아빠를 데려간 거라면 다치게 하는 일은 없을 거라고 했으니 우리 너무 걱정하지 말자꾸나."

영지 씨가 쌍둥이를 다독이며 말했다.

이 박사의 집은 아무 일도 없었던 것처럼 깔끔하기만 했다. 1층의 거실과 서재, 부엌과 욕실, 2층의 침실 두 개와 응접실은 이 박사의 평소 성격대로 잘 정돈되어 있었다. 영지 씨와 쌍둥이는 혹시라도 박사가 가족들에게 남겨 놓은 무언가가 있지 않을까, 집 안을 구석구석 훑었다.

긴 비행으로 피곤했지만 누구도 쉴 생각이 없었다.

영지 씨는 무심코 거실에 걸려 있는 벽시계를 보았다. 처음에는 고장이 난 줄 알았다. 그러나 시계가 한국 시간에 맞춰져 있다는 걸 깨닫고 눈시울이 붉어졌다. 아이들이 볼까 얼른 자리를 피했다.

쌍둥이는 1층과 2층을 나누어 찾아보기로 했다.

잠시 뒤 수인은 제인이 한번 살펴본 거실을 다시 천천히 둘러봤다. 소파 옆에 기둥을 세워 놓은 것처럼 책장 두 개가 맞붙어 있었다. 수인은 책장과 한쪽 벽을 번갈아 보았다. 벽면에 책장이 있던 흔적이 흐릿하게 남아 있었다.

"이게 원래 여기 있었나?"

책장을 놓기에 그리 좋은 위치가 아니었다.

"내가 이미 다 봤는데 이상한 건 없었어."

제인의 말에도 수인은 책장 앞을 떠날 수가 없었다. 뭔가 이상한 점을 발견했기 때문이다.

'아빠가 책을 이렇게 꽂아 둔다고?'

책장에는 책들이 뒤죽박죽으로 꽂혀 있었다.

평소 꼼꼼하게 물건을 정리하는 아빠라면 책을 이렇게 놔둘 리가 없다. 심지어 가로놓이거나 뒤집힌 것도 있었다. 무언가에 쫓겨서 다급하게 꽂아 놓은 듯 보였다.

"아무래도 책장이 뭔가 이상해. 제인, 책장 뒤쪽도 봤어?"

"책장 두 개가 딱 붙어 있는데 뒤쪽을 어떻게 본담? 대체 뭐가 있다는 거야? 내가 다 확인했다니깐!"

제인은 자신이 이미 본 곳을 수인이 또 둘러보는 게 마음에 들지 않았다. 기분이 상해서 소파에 드러누웠다. 그러고는 아예 보청기를 빼고 눈까지 감아 버렸다.

수인은 혼자서 책장 사이를 벌리려 안간힘을 썼다. 하지만 혼자 힘으로는 어림도 없었다.

콕! 콕! 수인이 제인의 어깨를 손가락으로 찔렀다.

"저기…… 좀……."

수인이 제인 앞에 서서 망설이듯 말했다. 제인은 못 이기는 척 몸을 일으키고는 보청기를 다시 귀에 꽂았다.

"뭐! 왜 그러는데?"

"음…… 좀……."

"아! 답답해! 좀, 좀 뭐?"

1층은 거실과 서재가 연결된 구조였다. 책장에서 T. S. 엘리엇 시집 1권을 찾지 못한 수인은 거실 창가 쪽 나무 책상으로 다가갔다. 책상 위에는 복잡한 공식이 적힌 두꺼운 책들이 펼쳐져 있었다.

벽에 기대어 세워 놓은 작은 보드에는 여러 메모가 붙어 있었다. 아빠가 손 글씨로 숫자와 기호가 뒤섞인 수학 공식들을 적어 놓은 것이었다. 그 보드 앞에 시집 1권이 놓여 있었다.

"찾았다!"

수인이 책을 들고 표지를 넘기는데 메모지 한 장이 떨어졌다. 아빠의 메모였다.

수인은 메모를 보며 평상시 아빠 모습을 떠올렸다. 혼자 미용실에 가고, 혼자 장을 봐서 요리하는 아빠 모습을 상상하니 왠지 코끝이 시큰했다. 수인은 코를 훌쩍이며 메모지를 접어 주머니에 넣었다.

같은 시간, 제인은 터벅터벅 지하실 계단을 내려가고 있었다.

"언제 이렇게 바뀌었지?"

지하실에는 언제라도 연주할 수 있게 피아노와 드럼, 기타 등의 악기들이 놓여 있고, 한쪽 벽에는 녹음할 때 쓰는 기계 장비들이 늘어서 있었다. 소리가 새어 나가지 않도록 사방에 방음벽까지 설치한 완벽한 음악실이었다. 무엇보다도 크기와 모양이 서로 다른 다양한 종류의 스피커들이 눈에 띄었다.

"으악!"

음악실을 둘러보며 계단을 내려가던 제인은 뭔가에 걸려 넘어졌다.

"기타가 왜 여기에 있지?"

아픈 무릎을 어루만지다 바닥에 뒹구는 기타에 눈이 갔다. 낯익은 기타였다. 제인은 멋지게 기타 연주를 하던 아빠가 떠올랐다.

"아빠!"

갑자기 아빠가 너무 보고 싶었다. 어쩌면 다시 볼 수 없을지 모른다고 생각하니, 숨이 턱! 막혔다. 제인은 그대로 쪼그려 앉아 무릎 사이에 얼굴을 묻었다.

그때였다. 위층에서 박수 소리와 함께 힘찬 영지 씨의 목소리가 들려왔다.

"애들아, 이리 와 봐. 우리 뭐라도 좀 먹자!"

제인은 소매로 눈물을 닦고 일어났다. 기타를 잘 넣어 두려고 둘러보다가 바닥에 널브러져 있는 기타 케이스를 발견했다. 고풍스러운 네모난 케이스였다. 하지만 딱 봐도 크기가 기타보다 작았다. 제인은 옆의 거치대에 기타를 세워 두고 서둘러 계단을 올라갔다.

"어휴, 내가 이럴 줄 알았다."

영지 씨가 냉장고 안으로 얼굴을 들이민 채 중얼거렸다. 냉장고는 텅 비어 있었다. 음식을 넣은 적이 없는 듯 새것처럼 깨끗했다. 한숨이 절로 새어 나왔다.

"그동안 음식을 전혀 안 해 먹은 모양이네."

수인이 영지 씨 옆으로 다가가 말했다.

"어? 아빠가 적어 둔 메모를 보니까 시장 보기 목록에 '파'도 있던데요? 당연히 요리도 했겠죠."

수인은 주머니에 넣었던 아빠의 메모를 꺼내 보였다.

"파? 이상하네. 너희 아빠는 파라면 질색하잖아. 마늘이랑 양파는 괜찮은데 파 특유의 식감은 못 참겠다고……."

영지 씨는 이 박사를 떠올리며 다시 울컥했지만 아이들 앞에

서만큼은 마음을 다잡아야 했다. 눈물을 꾹꾹 삼키며 수인이 건넨 메모지를 별 모양 자석으로 눌러 냉장고에 붙였다.

영지 씨는 선반에서 찾아낸 라면 두 개를 뚝딱 끓였고, 참치 통조림을 반찬으로 내놓았다.

"자, 자. 일단 이거라도 먹자."

라면 냄새가 집 안에 가득 퍼졌다.

쌍둥이는 별로 먹고 싶지 않았지만 못 이기는 척 식탁 앞에 앉았다.

"우리가 벌써부터 이렇게 처져 있으면 안 되잖아. 나도 힘낼 테니 너희도 도와주렴."

"네."

먹는 둥 마는 둥 빈 젓가락질만 하는 쌍둥이를 보며 영지 씨가 라면 국물을 후루룩 마셨다.

제인도 국물을 떠먹었다. 뜨거운 국물이 몸을 한결 따뜻하게 해 주었다. 조금 기운이 났다.

우웅 웅웅

우웅 웅

이게… 뭐지?

물컹

* T. S. 엘리엇, 이주희 옮김, 《주머니쥐 할아버지가 들려주는 지혜로운 고양이 이야기》, 시공주니어.

럼 텀 터거는 가만있질 못해.
들어오면 나가고 싶어 하네.
문만 보면 들어가야 하고,
집에 오자마자 나다니려 하지.
서랍 속에 눕기를 좋아하면서,
빠져나오지 못해 난리를 피우네.
그렇고말고, 럼 텀 터거는 이상한 고양이.
그것만은 의심할 여지가 없네.
하고 싶은 일은
하고야 마니까
도무지 말릴 수가 없네!

- 〈럼 텀 터거〉 중*

아빠가 편지에 썼던 럼 텀 터거 기억해?

제인은 몸을 뒤척이다가 금방 얕은 숨소리를 내며 잠들었다. 수인도 피곤이 몰려왔는지 금세 눈꺼풀이 감겼다. 영지 씨는 담요를 챙겨 와 잠든 아이들에게 덮어 주었다.

집 안에는 다시 침묵과 어둠이 내려앉았다.

0과 1로
이루어진 세계

0과

너희 이게 무슨 뜻인지 알겠니?

· · ·   — — —   · · ·

이건 영어로 SOS, 즉 급히 도와 달라는 뜻이야. 이렇게 단어를 점(·)과 선(—)으로 나타내는 것을 '모스 부호'라고 해. 이 규칙을 알고 있으면 모스 부호를 사용해서 모든 영어 단어를 쓸 수 있단다.

A	·—	B	—···	C	—·—·	D	—··	E	·
F	··—·	G	——·	H	····	I	··	J	·———
K	—·—	L	·—··	M	——	N	—·	O	———
P	·——·	Q	——·—	R	·—·	S	···	T	—
U	··—	V	···—	W	·——	X	—··—	Y	—·——
Z	——··								

로마자 모스 부호

모스 부호를 사용해서 고양이 'CAT'을 써 볼까?

—·—·   ·—   —

사람들은 어째서 이런 부호를 고안해 냈을까? 전화가 널리 보급되기 전에는

주변 사람이 위독하거나 급하게 연락해야 할 때 전보라는 통신 기술을 많이 사용했어. 전보는 두 가지 신호만 보낼 수 있는 단순한 기계를 사용하는데, 신호를 해석하려면 공통으로 쓸 수 있는 기호가 필요하지.

옛날에는 우체국에 전보 기계가 있어서 '모친 위독', '딸 출산' 등과 같은 내용을 우체국 직원에게 전달하면 한글을 모스 부호로 바꿔 전보를 보내 주었어.

점과 선 두 가지로 이뤄진 모스 부호처럼 우리가 사용하고 있는 컴퓨터 역시 모든 숫자 정보를 0과 1로 표현해 메모리에 저장한단다. 여러 문자를 사용하지 않고 간단하게 정보를 처리하는 거지. 아빠가 '반도체 숫자'라고 부르기도 하는 0과 1은 사실 수학에서 말하는 이진법과도 같아.

우리가 사용하는 수 체계는 십진법이야.

> 인도 수학자들은 6~7세기경부터 십진법을 사용했어. 알제리 출신인 나는 이미 아랍 수학자들이 널리 활용하던 십진법을 13세기경 유럽에 전파했지!

레오나르도 피보나치

십진법은 0, 1, 2,……8, 9 열 개의 숫자를 조합해 모든 수를 표현하는 체계야. 십진법은 인도에서 처음 사용하기 시작해서, 페르시아와 아랍으로 전해졌고, 지금과 같은 모양의 숫자는 중세시대 지중해 수학자 레오나르도 피보나치가 알제리에서 배운 것을 유럽에 전파한 것으로 알려져 있단다.

지난 편지에 아빠가 아라비아 숫자를 사용하면 모든 수를 표현할 수 있다고 이야기했지? 9 다음 수부터는 이미 있는 숫자를 합쳐서 10, 11, 12,……20, 21, 23…… 이렇게 나가다가 10이 10개 모이면 100(10×10), 100이 10개 모이면 1000(10×10×10) 이런 식으로 자릿수와 큰 수를 표기한단다.

그렇다면 이 방식을 이진법에도 적용해 볼까? 0은 0, 1은 1로 십진법과 같아. 그렇다면 2는 어떻게 표현할까? 0과 1로만 표현해야 하니까 10이라고 써. 3은 11, 2가 두 개 모인 4(2×2)는 100, 4가 2개 모인 8(2×2×2)은 1000, 8이 2개 모인 16(2×2×2×2)은 10000. 이렇게 2를 기준으로 자릿수가 늘어나겠지. 이런 구조를 바탕으로 아래의 이진법 숫자가 나타내는 수는 무엇인지 알아보자.

$$1 \quad 0 \quad 1 \quad 0 \quad 1$$

$16(2^4)$의 자리 $8(2^3)$의 자리 $4(2^2)$의 자리   2의자리   1의자리

$$16 + 0 + 4 + 0 + 1 = 21$$

오른쪽부터 1이 1개, 2가 0개, 4(2×2)가 1개, 8(2×2×2)이 0개, 16(2×2×2×2)이 1개니까 십진법으로 쓰면 1+0+4+0+16=21이 되겠지. 하나만 더 해 볼까?

10011011을 십진법으로 바꾸면 어떤 수일까?

　이진법은 유럽의 학자 라이프니츠가 17세기에 그 체계를 정립한 건데, 놀랍게도 이것이 현대 정보 이론의 기초가 되었어. 쉽게 말해 여기서 사용하는 0과 1은 보통 생각하는 '수'가 아니라 점(·)과 선(-)이나 마찬가지로 서로 다른 기호 두 개일 뿐이지만, 0과 1만으로 모든 정보를 표현할 수 있게 된 거야.

　너희도 아빠에게는 세상에서 둘뿐인 존재니까 수인이는 0, 제인이는 1 이렇게 부르는 거란다. 아빠는 너희 둘만으로 세상의 모든 의미를 읽을 수 있다는 게 너무 신기해. 만약 너희 동생이 생긴다면 어떻게 불러야 할까? 둘로 이뤄진 세계에 하나를 더하는 의미로 '10'이라고 불러도 좋겠다.

　그런데 말이야, 이상하게도 0과 1이라고 이름 짓고 나니까 기호 0과 1이 아니라 수 0과 1인 것 같아서 자꾸 더하고 빼고 싶어지네. 과연 수인이와 제인이를 더할 수 있을까? 흠.

1에게

P.S. 10011011을 십진법으로 바꾸면 '155'라는 건 이제 어렵지 않지?

옆집에 사는 해리 오스틴은 작년에 은퇴한 문학 교수로, 이민형 박사의 스승이다. 대학생 때 오스틴 교수의 시 문학 수업을 들었던 이 박사는 교수의 도움을 받아 런던에 집을 구했고, 이웃사촌이 된 두 사람은 자주 만나 문학과 시에 관한 얘기를 나누었다. 오스틴 교수는 쌍둥이가 런던에 올 때면 시도 읽어 주고 음식도 만들어 주는 다정한 이웃집 할아버지이기도 했다.

"너희 어디 다친 데는 없니?"

교수는 거실의 깨진 유리창을 확인하고 물었다.

"저희는 괜찮아요."

수인의 목소리가 가느다랗게 떨리자 영지 씨가 등을 토닥여 주었다.

오스틴 교수는 불안해하는 가족들을 대신해 지하부터 2층까지 오가며 혹시라도 누군가 남아 있는지 살펴보았다.

"지금은 아무도 없어요. 신고했으니 경찰이 곧 올 겁니다. 안심하세요."

교수가 거실로 돌아와 말했다. 영지 씨는 긴장이 풀렸는지 휘청거렸다. 교수가 재빨리 영지 씨를 부축해 소파에 앉히고, 사방에 널브러진 유리창 조각을 정리했다.

"이렇게 도와주셔서 감사합니다."

교수와 영지 씨는 오늘 처음 보는 사이였다.

"이 박사 어머님이시군요. 저도 이 박사와 연락이 안 돼서 내내 걱정하고 있었답니다."

"이게 무슨 일인지 정신이 하나도 없네요."

영지 씨가 한숨을 쉬며 말했다.

"일단 경찰이 올 때까지는 아이들과 저희 집에 가 계시죠. 따뜻한 차를 드시면 진정이 좀 되실 겁니다."

"감사합니다만, 저희는 그냥 여기 있을게요."

영지 씨가 정중히 거절했다.

때마침 경찰이 도착했고, 뒤이어 연락을 받은 첸 박사도 달려왔다.

"큰일 날 뻔했어요. 제가 억지로라도 호텔에 모셨어야 했는데……. 정말 죄송합니다."

첸 박사는 자신의 탓인 양 사과를 했다. 그러고는 경찰들에게 가족 보호를 위해 집 주위에 경찰 인력을 배치해 줄 것을 요청했다.

경찰들이 집 안을 살피며 책장 앞을 서성일 때마다 쌍둥이는 상처 난 허공의 불빛을 들킬까 조마조마했다.

"그 사람들이 뭘 찾는 걸까요? 아빠 집에 뭔가 중요한 게 있는 거죠?"

수인이 첸 박사에게 물었다.

"흐음, 글쎄다……."

첸 박사는 한 손으로 소파 옆 책장을 짚고, 다른 한 손으로 괴로운 듯 얼굴을 가렸다. 영지 씨 눈에는 첸 박사가 뭔가 알고 있는데 대답을 피하는 것처럼 보였다.

냐아옹!

그때였다. 깨진 창문으로 딩가딩거가 들어왔다. 밖에 나갔던 모양이다. 딩가딩거는 소파를 딛고 훌쩍 뛰어올라 거실 한가운데 맞붙여 둔 책장 위에서 뱅글뱅글 돌며 울어 댔다. 자기가 나온 곳을 찾고 있는 것 같았다.

"어, 근데 책장이 왜 여기 있지?"

그제야 이상한 낌새를 알아차린 첸 박사가 책장을 둘러보며 고개를 갸웃거렸다.

"그게 있잖아요, 거기에……."

제인이 사실대로 말하려는 순간 영지 씨가 자연스럽게 끼어들었다.

"책장이야 어디에 있든 그게 지금 무슨 상관이겠어요. 그나저나 이 박사가 하고 있던 중요한 일이란 게 대체 뭡니까? 답답해 죽겠네."

첸 박사가 오스틴 교수와 경찰들의 눈치를 살피며 말했다.

"그게 극비 사항이라 아직 말씀드릴 순 없고요."

첸 박사가 목소리를 낮추어 속삭였다.

"내일 이 박사 관련 긴급회의가 열립니다. 회의 끝나고 와서 말씀드릴 테니 조금만 기다려 주세요."

모두 떠나고 가족들은 다시 소파에 모여 앉았다. 방이 여럿이었지만 따로 자고 싶은 마음은 없었다. 다행히 경찰들이 집 주변을 지켜 주어서 남은 밤은 안심하고 보낼 수 있었다.

"날 밝으면 다시 집 안을 꼼꼼히 살펴보자꾸나."

영지 씨가 소파 하나를 차지하고 누웠다.

"그 사람들이 온 건 아빠 집에 분명 뭔가 있다는 뜻일 거야. 지금 당장 찾아보자."

소파에서 일어난 제인은 크게 하품을 하며 기지개를 켰다. 하지만 긴장이 풀리고 나니 졸음이 한꺼번에 쏟아졌다. 몸이 무거워지며 자꾸만 눈이 감겼다.

"내일을 위해 잠깐이라도 자자. 멍한 정신으로는 아무것도 못 해."

영지 씨의 말에 수인도 뒤척이며 이불을 당겨 올렸다. 거실을 서성이던 제인도 결국 자리에 누웠다.

긴 하루를 보낸 가족들은 누가 먼저랄 것도 없이 깊은 잠에 빠져들었다. 거실에 코 고는 소리와 숨소리만이 들려왔다.

다음 날 아침 해가 떠오른 지 한참이 지났다. 새벽에 일어난 영지 씨는 창가에 서서 긴 한숨을 내쉬며 밖을 내다보고 있었다.

'앞으로 뭘 어떻게 해야 하지?'

앞마당에서 따뜻한 아침 햇볕을 즐기던 딩가딩거가 갑자기 일어나 풀숲으로 도망쳤다.

곧이어 커다란 그림자와 함께 발소리가 들려왔다. 옆집 오스틴 교수였다. 교수는 커다란 몸집에 어울리지 않게 경중경중 뛰어 마당을 가로질렀다. 그 뒤로 모자를 눌러쓴 젊은 남자가 터벅터벅 따라왔다. 현관 벨이 울리자 수인과 제인도 벌떡 일어났다.

"오스틴입니다."

교수는 뒤에 서 있는 청년을 앞으로 끌어당겼다. 빨강 모자를 푹 눌러쓴 탓에 얼굴이 잘 보이지 않았다.

"제 조카 잭슨입니다. 이 녀석이 새벽에 우당탕 드럼 소동을 벌였죠."

잭슨은 고개를 푹 숙이며 영지 씨와 쌍둥이에게 사과했다.

"죄송합니다. 늦은 시간에 소란을 피워서……."

"무슨 말씀이세요. 덕분에 위험을 피했어요. 고마……."

"그럼 저는 이만!"

잭슨은 영지 씨의 말이 채 끝나기도 전에 눈 한번 제대로 맞추지도 않고 도망치듯 마당을 가로질러 뛰어갔다.

"잭슨……? 아빠가 편지에서 소개한 사람이야! 고양이 럼 텀 터거 같다고 했던."

수인이 제인의 귀에 대고 속삭였다. 그제야 알아차린 제인은 저만치 사라진 잭슨의 뒷모습을 물끄러미 바라보며 중얼거렸다.

"개구쟁이 럼 텀 터거는 아닌 거 같은데."

그러는 사이 오스틴 교수가 들고 있던 봉투를 영지 씨에게 내밀었다.

"자, 자. 이거! 집에 먹을 게 하나도 없죠? 이 박사가 도통 먹는 것에는 관심이 없는 사람이라……."

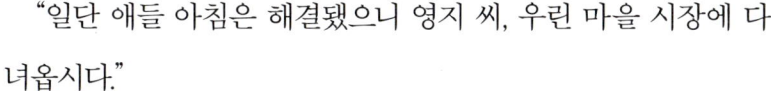

봉투에서 갓 구운 빵 냄새가 확 피어올랐다. 마침 배가 고팠던 쌍둥이는 코를 킁킁거렸다. 군침이 꼴깍 넘어갔다.

"일단 애들 아침은 해결됐으니 영지 씨, 우린 마을 시장에 다녀옵시다."

오스틴 교수는 몸집만큼이나 우렁찬 목소리로 말했다.

하지만 영지 씨는 지금 장을 볼 마음의 여유가 없었다. 머뭇거리자 교수가 허리를 숙여 영지 씨의 귀에 속삭였다.

"지금 아이들이 아빠 걱정에 배가 고프다고 얘기도 못 하는 것 같은데요?"

교수의 말에 영지 씨는 뒤를 돌아봤다.

쌍둥이는 배가 고팠는지 허겁지겁 빵을 뜯어 먹고 있었다. 영지 씨는 그제야 자신이 지금 해야 할 일이 뭔지 떠올랐다. 텅 빈 냉장고부터 채워 놓자.

"얘들아, 시장에 가서 먹을 것 좀 사 올게."

"네! 걱정 말고 천천히 다녀오세요."

수인과 제인은 현관을 나서는 영지 씨와 오스틴 교수에게 손을 흔들어 보였다.

두 사람이 장 보러 가는 모습을 보자 수인은 아빠의 메모가 떠올랐다.

'아빠는 집에서 요리를 하지도 않으면서 왜 파를 사려고 했을까?'

이제 와서 생각해 보니, 파도 싫어하고 요리도 직접 하지 않는 아빠가 '시장 보기 목록'을 메모해 두었다는 게 이상했다. 수인은 냉장고로 다가가 아빠의 메모를 유심히 들여다봤다.

"어? 이건……!"

수인의 외침에 제인이 옆으로 다가와 물었다.

"왜? 뭔데?"

수인이 메모를 보며 첫째 줄 '1 잘 자렴'과 마지막 줄 '0에게 편지 쓰기'를 손가락으로 가리켰다.

"봐 봐, 뭔가 이상해. 아빠 편지는 늘 0으로 시작해서 1로 끝났잖아."

"어, 그게 뭐?"

그게 늘 불만이었던 제인이 눈을 치켜떴다.

"이 메모는 1로 시작해. 마지막에는 '늘 지키던 순서를 꼭 지키자!'라고 쓰여 있고. 무슨 뜻인지 모르겠어?"

"아, 원래 순서대로라면 거꾸로 보라는 거네. '0에게 편지 쓰기, 판다, 드럼…….'"

"그래. 이 쪽지는 분명 아빠가 우리한테 남긴 거야. 우리만 아는 규칙이잖아."

0으로 시작해서 1로 끝맺는 건 아빠만의 규칙이었다. 그런데 메모는 달랐다. 규칙을 떠올리니 그냥 지나친 것들이 보이기 시작했다.

"이 메모 어디서 찾았어? 저 책장?"

제인이 물었다.

"아니, 거기에 꽂혀 있어야 하는데 없던 T. S. 엘리엇 시집 1권에서 발견했어. 아빠가 책상 위에 따로 빼놓았더라고. 우리한테 어떤 단계나 순서를 알려 주려는 거 아닐까? 아빠는 우리가 그걸 알아낼 거라고 믿고 있어."

"추리 게임?"

제인의 말에 수인이 눈을 마주치며 고개를 끄덕였다.

"거꾸로 읽으면 다음은…… 동물원 판다야."

수인은 아빠가 편지에 적었던 판다 이야기를 떠올렸다. 영국에 살던 판다가 중국으로 돌아갔다는 내용이었다. 외교 관계를 위해 영국에 잠시 보내 준 거라 일정 기간 이후에는 판다를 중국으로 다시 돌려보내야 한다고 했다.

"지금 런던에는 판다가 없을 텐데. 그럼 뭐지?"

수인이 머리를 긁적이며 말했다.

"판다? ……아! 그러고 보니 지하 음악실에서 본 거 같아!"

제인이 눈을 반짝이며 말했다.

"음악실에 판다가 있다고?"

"응. 거기에서 본 기타 케이스 상표가 분명 판다였어."

제인은 음악실에서 본 기타 케이스를 떠올렸다. 고풍스러운 케이스에 귀여운 판다 그림이 있어서 기억에 남았다.

"음악실과 기타……, 음……."

수인의 머리가 빠르게 돌아가기 시작했다.

"그럼 이 파는 먹는 파가 아니라…… 음계의 '파'인가?"

엉켜 있던 실타래가 조금씩 풀리는 것 같았다.

"음악실에 뭔가 중요한 게 있는 거 같아!"

수인이 확신하며 말했다.

쌍둥이는 곧장 지하 음악실로 내려갔다. 그리고 바닥에 널브러진 기타 케이스를 유심히 살펴보았다. 제인 말대로 케이스에 귀여운 판다 그림 상표가 있었다. 기타를 넣기에 작아 보여서 그대로 놔두었는데, 음악실의 다른 기타들을 둘러봐도 그 케이스에 맞는 크기의 기타는 없어 보였다.

"아무래도 그냥 기타 케이스는 아닌 거 같아. 아빠가 이 안에 뭔가 넣어 둔 걸까?"

제인이 케이스를 열려고 누름 버튼에 손가락을 올렸다.

"제인, 잠깐만!"

하지만 수인이 말릴 새도 없이 제인은 케이스를 열었다. 기대와 달리 안은 텅 비어 있었다.

"제인, 내 말 안 들려? 왜 함부로 열어!"

수인이 짜증 가득 담긴 목소리로 말했다.

"내 귀가 잘 안 들리는 거 이제 알았어?"

음악실에 갑자기 냉기가 돌았다.

잠시 뒤 수인이 한풀 꺾인 목소리로 말했다.

"그런 뜻 아닌 거 알잖아."

"그런 거 아니면 됐어."

제인이 기타 케이스 뚜껑을 다시 쿵! 닫아 버렸다.

딸깍!

폐쇄된 지하철역이야!

아빠 집 지하실이 지하철역이랑 연결되다니…

믿기지가 않아.

저게 뭐지…?

?

지하 음악실이 지하철역과 연결된 것만으로도 놀라운데 그곳에는 당장이라도 어딘가를 향해 달려 나갈 것처럼 보이는 한 량짜리 빨간색 전차가 있었다.

"이 전차가 움직일까? 어디로 가는 걸까?"

수인과 제인은 심장이 세차게 뛰기 시작했다. 어쩌면 다음 역에서 아빠가 기다리고 있을지도 모른다.

전차에 올라타려는 순간, 플랫폼에 있는 스피커에서 영지 씨와 오스틴 교수 그리고 첸 박사의 목소리가 들렸다.

"오스틴 교수님, 오늘 고마웠어요."

"별말씀을요. 무슨 일 생기면 언제든지 불러 주세요."

터널 안에는 집 안 상황을 실시간으로 확인할 수 있는 장치가 설치되어 있었다.

"영지 씨가 왔나 봐. 일단 돌아가자."

쌍둥이는 음악실로 돌아와 책장에 책을 다시 꽂았다. 그러자 문이 서서히 닫혔다.

"아빠가 암호로 메모를 남긴 이유가 있겠지? 이건 모두한테 비밀로 하자."

수인의 말에 제인이 고개를 끄덕였다.

수인은 다시 아빠의 메모를 살펴보았다. 나머지 순서는 또 뭘 의미하는 걸까? 어떤 비밀이 숨어 있을지 궁금했다.

옛날 사람들은 수를 어떻게 세었을까

0과

　옛날 옛적 메소포타미아 지역에 많은 땅과 소를 가진 부자 농부가 살고 있었어. 어느 날 농부는 자신의 소를 이웃 마을 목자가 키우는 양과 바꾸기로 했어. 양털로 옷을 만들어 팔 생각이었거든. 그런데 아무래도 덩치가 큰 소 한 마리와 작은 양 한 마리를 바꾸는 게 손해인 것 같은 거야. 농부와 목자는 흥정 끝에 소 한 마리가 양 세 마리와 같은 값이라고 결론지었지. 이제 농부가 팔려는 소 20마리와 목자의 양 60마리를 바꾸는 일만 남았어.

　하지만 문제가 있었어. 농부는 소가 몇 마리인지 셀 수 없었어. 당시 사람들은 6이나 7 정도의 작은 수밖에 셀 줄 몰랐고 그 이상은 '많구나.' 하고 말았거든. 그럼 어떻게 소와 양을 교환했을까? 들판 한가운데로 각자 소 떼와 양 떼를

몰고 나와서 농부가 소 한 마리를 보내면 목자가 양 세 마리를 넘겨주는 식으로 교환했지. 그러다 한쪽 가축이 부족해지면 거래가 끝나는 거야. 농부는 소를 양과 교환했지만 자신이 양을 몇 마리나 데려왔는지 알 수 없었어.

몇 년 후 농부는 결혼을 해 총명한 딸을 낳았단다. 농부의 양털 옷을 찾는 사람들이 늘어나자 더 많은 양이 필요했어. 그런데 더 많은 소와 양을 데려와 교환하자니 너무 불편한 거야. 그때 똑똑한 딸이 방법을 생각해 냈어. 딸은 외양간의 소를 하나씩 짚으면서 작은 돌멩이 세 개를 가죽 주머니에 넣었어. 그러고는 목자에게 가서 주머니 속에 든 돌멩이 하나당 양 한 마리를 꺼내 달라고 했어. 돌멩이로 수량을 맞춘 후 한 번에 소 떼와 양 떼를 교환하자는 거지. 전과 비교해 훨씬 편리해졌지?

딸이 생각해 낸 방법은 널리 퍼져 나갔단다. 세월이 한참 흘러 농부의 손녀의 손녀의 손녀의 손녀는 돌멩이 없이도 수를 비교하는 방법을 알아냈어. 돌멩이 대신 '1, 2, 3, 4,…… 100, 200……' 이런 단어들을 만들어서 주문 외우듯이 말하는 것만으로도 소와 양의 수를 비교할 수 있다는 걸 말이야.

정말 옛날 사람들이 그랬냐고? 이 이야기는 아빠가 상상한 거지만 실제로 오

래전에는 이런 식으로 물물 교환을 했을 거야. 수는 추상적인 개념이라 소 한 마리와 숫자 1이 같다는 관계를 이해해야만 쓸 수 있거든. 더군다나 소 떼를 보고 '많다'가 아니라 20이라는 숫자와 연결하려면 적어도 숫자를 20까지 알아야 하니까 더 복잡하고 어려워져.

우리가 큰 수의 개념을 쉽게 이해하게 된 것은 수를 효율적인 '숫자'로 나타내기 시작하면서부터란다. 1,200원짜리 사과 20개 값이 24,000원이라는 걸 계산할 줄 아는 것은 엄청난 수학 실력을 갖고 있다는 거야.

수와 숫자는 어떻게 다를까? 같은 수를 부르는 표현은 여러 가지야. 1, 2, 3이라고도 하고 하나, 둘, 셋이라고도 하잖아. 영어로는 one, two, three, 한자로는 一, 二, 三이라고 쓰고. 고대 이집트나 중남미의 마야 사람들도 그들만의 숫자를 사용하고 있었지.

고대 이집트의 숫자

마야의 숫자

8이라고 쓰든 eight, 八, …이라고 쓰든 다 같은 수를 다르게 표기한 것뿐이야. 다시 말해, 이집트 숫자, 중국 숫자, 마야 숫자는 다 다르지만, 이집트 수, 중국 수, 마야 수는 다 같은 거란다. 이것이 바로 수와 숫자의 차이. 마치 나무를 '나무', 'tree', '木'으로 쓰는 것처럼 언어와 문화에 따라 그 수를 뜻하는 숫자가 있고, 각각 다른 식의 숫자로 표현할 수 있어.

언어는 현실과 떼어 놓고 볼 수 없는 면이 있으면서도 참 기묘하기도 해. 특히 수학적 언어는 이상하고 신기하거든. 이걸 한번 볼래?

$$(i\hbar\gamma^{\mu}\nabla_{\mu} - mc)\psi = 0$$

눈이 빙빙 돈다고? 이건 단어나 문장이 아니라 일종의 수를 의미하는 문자로 된 등식이야. 누군가 아빠한테 '전자'라는 원자의 특성을 물어본다면 아빠는 이와 같은 등식으로 대답을 할 거란다.

걱정 마. 이 등식은 수학을 한참 공부해야 이해할 수 있는 거라서 지금 너희가 꼭 알 필요는 없단다. 아빠와 같은 수학자들은 이 등식을 보고 '아, 전자란 이 미분 방정식의 해구나!'라고 해석한다는 정도만 알아 두면 좋겠네.

아빠가 기이하게 느끼는 것은 전자가 무엇인지 설명하려면 수학적 언어로 표현할 수밖에 없으니, 어쩌면 전자는 수학 세계에만 존재하는 게 아닐까 하는 점이야. 일반적인 언어로 설명하기 어려운 현상들을 수학적 언어로는 쉽게 설명할 수 있거든. 그래서 아빠는 때때로 수학이 세상을 설명하는 언어인지, 세상이 수학으로 이루어진 것인지 혼란스럽기도 해.

언젠가 너희가 아빠의 고민을 이해하는 날이 오겠지?

1에게

제 4 화

우리 아빠는 비밀 연구원?

"터널의 끝까지 가면 어디가 나올까? 그 빨간 전차는 지금도 운행하는 걸까?"

제인은 아직 터널 안에 있는 것처럼 가쁜 숨을 내쉬며 물었다.

"아빠와 관련이 있을 것 같아. 터널에 대해선 당분간 우리 둘만 알고 있자."

수인이 말했다.

쌍둥이는 아빠가 비밀리에 자기들에게 중요한 임무를 맡긴 거라고 확신했다.

"영지 씨한테도?"

제인이 되물었다.

"응, 그게 좋을 것 같아. 영지 씨한테는 뭔가 좀 더 알아낸 뒤에 말씀드리자."

"그때도 첸 박사님한테는 말하지 않는 게 좋겠어."

그때였다. 누군가 지하 음악실로 내려오고 있었다.

전차가 천천히 움직여 들어간 곳은 엄청난 크기의 돔이었다. 영화에서나 보던 복잡한 기계 설비와 장치들이 황금빛의 거대한 장비와 연결되어 있었다. 가족들은 샹들리에처럼 빛나는 화려한 모습에 압도되어 입을 다물지 못했다.

"이건 양자 컴퓨터란다."

첸 박사가 쌍둥이를 돌아보며 말했다.

"양자 컴퓨터요?"

제인이 장비를 올려다보며 되물었다.

"그래, 엄청나게 빨리 계산할 수 있는 컴퓨터란다. 세상의 모든 컴퓨터를 전부 합친 것보다 더 뛰어나지. 이곳에서 아빠와 난 양자 컴퓨터를 개발하고 있었어."

"아! 아빠 편지에서 봤어요. 존재하는 모든 수학 개념을 다 알고, 계산도 빠른 컴퓨터가 스스로 문제를 풀 수 있다면 아빠 같은 수학자들은 할 일이 없어질지도 모른다고 했어요. 이게 바로 그 컴퓨터인가요?"

수인의 말에 첸 박사가 고개를 끄덕였다.

"맞아. 우리는 이 컴퓨터가 세상을 바꿀 거라고 확신했어. 아직 완성된 건 아니지만."

"아니, 그럼 아직 완성도 안 된 이 컴퓨터 때문에 우리 아들을 데려갔단 말인가요?"

영지 씨는 원망스러운 눈으로 양자 컴퓨터를 훑어봤다.

"아무래도 그런 듯합니다."

"그런데 왜 컴퓨터가 아니라 아빠를 데려간 거죠?"

수인이 물었다. 첸 박사는 아이들이 알아들을 수 있도록 차근차근 설명했다.

* 초전도: 특정 온도 아래로 냉각된 상태에서 전기 저항이 0이 되고, 외부 자기장을 밀치는 현상.

* 난제: 해결하기 어려운 일.

"그렇게 중요한 거라면 부리 마스크들이 아빠에게 나쁜 짓은 못 하겠죠?"

제인이 그렇다는 대답을 기다리듯 물었다.

"물론이다. 그들은 오직 너희 아빠만 알고 있는 걸 찾으려고 데려간 거니까."

"이 박사를 찾기만 하면 무사히 돌아올 수 있다고요?"

영지 씨가 첸 박사의 팔을 잡으며 간절한 얼굴로 물었다.

"네, 반드시 무사히 돌아올 겁니다."

"경찰도 알아요? 가족도 알면 안 되는 비밀 연구란 걸?"

수인이 묻자 첸 박사는 고개를 저었다.

"만약에 대대적인 수사가 진행되면 아빠가 더 위험해질 수도 있단다. 그러면 이 박사를 찾을 기회도 사라지겠지."

"아빠를 찾을 기회가요? 혹시 우리가 할 일이 있나요?"

수인이 기대를 내비치며 물었다.

"수사관들이 찾는 방식 말고 다른 방법으로 박사를 찾아낼 수 있어. 여기서 우리끼리."

잠시 머뭇거리던 첸 박사가 설명을 이어 갔다.

"이 박사가 구상한 양자 컴퓨터는 아주 복잡한 수학 개념들을 적용한 겁니다. 천재 수학자라고 해도 그 복잡한 알고리즘을 온전히 머릿속에서만 계산하는 건 쉽지 않아요."

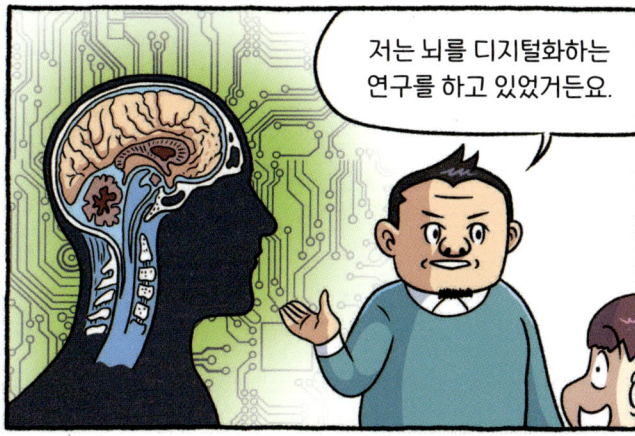

첸 박사는 가족을 데리고 복도를 따라 걸어가 한 연구실 앞에 섰다. 보안이 철저해 보이는 그 연구실 문에는 'TW422'라고 적혀 있었다.

자동문을 지나 들어선 연구실은 한쪽 벽면 전체에 모니터가 설치되어 있었다. 그리고 한가운데에는 유리로 막아 놓은 공간에 우주선 조종석처럼 생긴 의자가 놓여 있었다. 연구실은 마치 병원 수술실처럼 써늘했다. 가족들의 어깨가 움츠러들었다.

"자, 이 화면을 보세요."

첸 박사가 벽면 모니터에 영상을 띄웠다.

 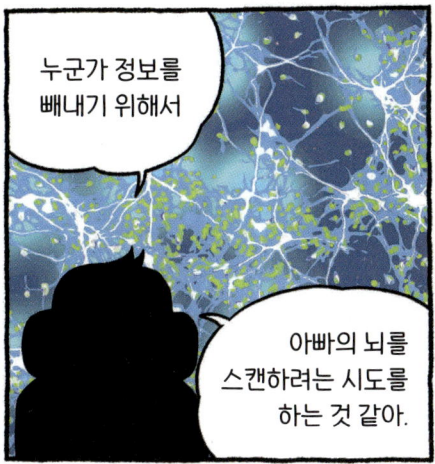

"정보를 빼내면 그다음은요?"

수인의 말에 제인과 영지 씨의 얼굴이 일그러졌다.

"말처럼 쉽지 않다는 게 다행이면서도 위험한 일이기도 하지. 억지로 정보를 빼내면 그만큼 아빠한테 나쁜 영향을 끼칠 수 있으니까."

첸 박사는 분위기를 바꾸려는 듯 손뼉을 마주쳤다.

"우리도 그 방법을 이용해 아빠를 찾는 거야."

"어떤 방법이요?"

"브레인 콘택트!"

"그러니까 아까 말한 다른 방식이라는 게, 브레인…… 뭐 그걸로 우리 아들을 찾을 수 있다는 거지요?"

영지 씨가 희망이 가득 담긴 눈빛으로 물었다.

"네, 이 박사의 뇌에 접속해서 필요한 정보를 얻으면 가능합니다."

첸 박사는 계속 말을 이었다.

"생각을 읽어서 부리 마스크를 쓴 놈들의 단서를 찾는 거죠."

"브레인 콘택트라……."

기대에 찼던 영지 씨가 불안한 듯 중얼거렸다.

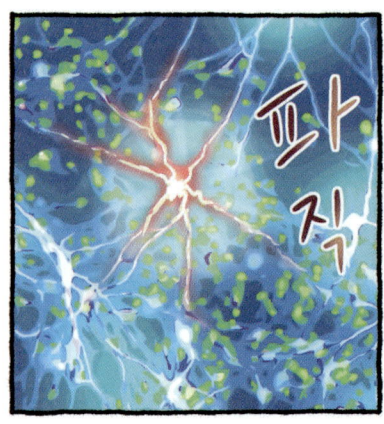 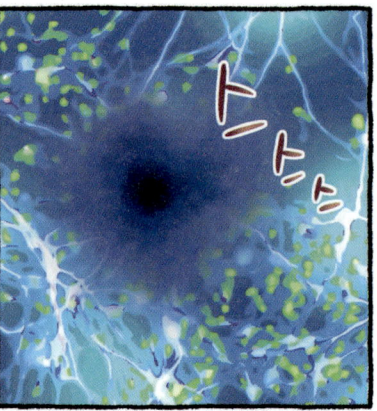

"저 붉게 변한 선들 보셨어요? 신경 회로가 파괴되고 있다는 표시죠. 부리 마스크들이 강제로 머릿속에서 정보를 빼내려고 할수록 이 박사의 목숨이 위태로워요."

영지 씨는 두 손으로 얼굴을 가리고 호흡을 가다듬었다.

"지금 그자들이 이 박사를 괴롭히고 있다는 거죠?"

"네, 이 박사는 고분고분 정보를 내줄 사람이 아니니까요."

"그러니까 누군가 아빠 두뇌 속에 들어가서 직접 물어본다는 거잖아요. 그게 가능하다면 당장 물어봐 주세요."

수인의 말에 첸 박사가 고개를 저었다.

"문제가 있어. 브레인 콘택트는 첨단 기술이기는 하지만 유전자의 기본 성질을 넘어설 순 없단다. 장기를 이식할 때 유전적으로 비슷한 가족의 장기가 부작용이 덜한 것과 비슷해."

"가족이면 괜찮다는 말인가요?"

고개를 끄덕이던 첸 박사의 표정이 어두워졌다.

"더 중요한 것은 접속한 사람이 본 것과 신경 회로의 신호를 비교해 정보를 해석하는 겁니다. 벌써 이 박사의 몸에 무리가 생긴 거 같아요. 시간이 없습니다."

"무슨 얘긴지 알겠어요. 가족이 필요한 거면 엄마인 내가 이 박사의 뇌에 접속해서 물어볼게요. 자, 서두릅시다."

영지 씨가 첸 박사 앞으로 나섰다.

"죄송합니다만, 작년에 쓰러지신 적 있죠? 그때 이 박사가 저한테 어머님 뇌 검사 기록을 봐 달라고 부탁했거든요."

"고비는 잘 넘겼고, 지금은 멀쩡해요. 마라톤도 하는걸!"

"솔직히 말씀드리면 지금 어머님 상태로 브레인 콘택트를 하는 건 위험합니다. 하지만 아이들이라면……."

"위험하다고요?"

영지 씨가 되물었다. 수인과 제인도 놀란 눈으로 첸 박사를 쳐다보았다.

"우리 뇌는 복잡해서 어떤 일이 생길지 100퍼센트 예측할 수 없어요. 만일을 대비해야 합니다."

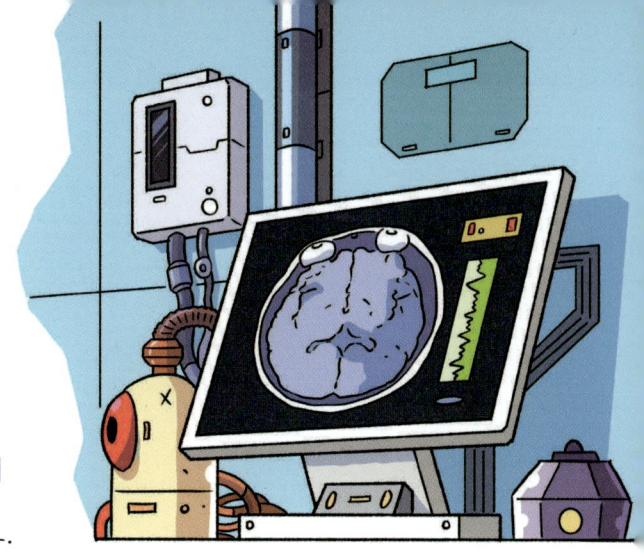

첸 박사의 말에 영지 씨가 손을 저으며 말했다.

"나한테도 위험한 걸 애들한테 시킬 수는 없어요. 난 괜찮아요. 엄마가 아들을 찾는데 안전한 것만 할 수 있나."

"브레인 콘택트는 접속하는 사람의 세타파*에 영향을 받는데, 성인은 잠이 들어야 나오지만 아이들은 깨어 있어도 잘 나타납니다. 깨어 있어야 의식적으로 필요한 질문도 할 수 있잖아요. 게다가 애들은 뇌파의 민감도가 낮아서 거부 반응을 일으킬 가능성도 낮으니 오히려 안전합니다."

"제가 할게요. 아빠가 우리를 보호해 줄 거예요."

수인이 영지 씨의 팔을 붙들고 말했다.

"수인이 너보단 내가 더 튼튼하잖아. 내가 할래."

잠자코 있던 제인이 수인 앞을 가로막았다.

* 세타파: 뇌의 신경 활동으로 발생하는 전기적 신호인 '뇌파'의 한 종류로, 최면이나 졸음 상태에서 발생한다.

"네! 걱정 마세요. 이거 누르면 되죠?"

수인이 애써 웃으며 말했다.

"그래, 버튼을 누른다고 생각만 하면 돼."

첸 박사가 리모컨 사용 방법을 설명해 주었다.

수인을 지켜보는 영지 씨의 표정에 근심이 가득했다. 수인은 겁이 났지만 가족들을 안심시키기 위해 웃었다.

"이제 아빠 만나러 가자. 아빠의 머릿속 세계를 잘 보고 얘기해 주렴. 내가 해석할 수 있게 말이야."

첸 박사가 말했다.

영지 씨와 제인 두 사람은 수인을 바라보며 손을 맞잡았다. 수인은 두 사람이 무슨 말을 하려는지 알 것 같아 입을 꾹 다물고서 고개를 끄덕였다.

삐삐삐삐! 삐삐삐삐! 삐삐삐삐······.

규칙적으로 들리던 기계음이 점점 멀어지면서 수인의 눈이 저절로 감겨 왔다. 몽롱한 상태로 몸이 붕 뜨는 신비한 느낌이 온몸을 감쌌다.

그러다 어느 한 순간 모든 소리가 사라졌다. 그러나 정신은 오히려 또렷해졌다.

 **아빠의 편지 4**

보이지 않는 작은 것들의 수학

0과

아빠가 읽어 주던 책 《주머니쥐 할아버지가 들려주는 지혜로운 고양이 이야기》를 기억하니? 아빠가 가장 좋아하는 시인 T. S. 엘리엇의 시집 말이야. 수인이는 마술사 고양이를 좋아하고 제인이는 못 말리는 고양이 럼 텀 터거를 마음에 들어 했었지. 우리가 자주 했던 시 게임 문제를 내 볼게. 괄호 안에 들어갈 시구는 무엇일까? 아빠가 범죄의 고양이 마카비티에게 호기심이 생긴 구절이기도 해.

분실 사고가 생기면, 정보부에서는 말하지.
"마카비티 짓이야!" 그러나 마카비티를 찾아보면
십 리는 떨어진 곳에서 쉬거나 발가락을 핥거나
(   )에 빠져 있을 거야.*

아빠가 요즘 빠져 있는 연구는 보이지 않는 아주 작은 존재의 움직임을 수학적으로 이해하는 거야. 작은 것들의 수학

을 어떻게 우리가 보고 만질 수 있는 큰 대상에 적용할 수 있는지 방법을 찾고 있어.

흥미로운 발견을 하려면 상당한 인내심이 필요해. 사소한 발견들이 거의 느껴지지 않을 정도로 쌓이고 쌓여 미세하게 우리를 목표로 다가가게 이끌어 주지. 어쩌면 오늘 아빠가 발견한 것도 원래 생각했던 것보다 더 의미심장한 무언가가 될지도 모르겠구나.

아빠가 자주 읽어 주던 동화책 《파랑새》를 기억하니? 주인공들은 파랑새를 찾아 모험을 떠나지만 결국 집에서 기르던 비둘기가 파랑새였다는 것을 알게 돼. 아빠는 소중한 보물이 곁에 있다는 사실을 알게 되더라도 너희가 그 사실을 깨닫기 위해 먼 길을 떠날 필요가 있다고 생각해.

집으로 오는 길에 검은색 턱시도를 멋지게 차려입은 고양이를 만났어. 스스럼없이 다가오더니 종아리에 옆구리를 비비고는 손등도 핥는 거야. 주머니쥐 할아버지가 얘기해 준 것처럼 고개를 숙이며 "이야, 고양이네!"라고 인사했어. 고양이가 나를 믿을 만한 친구로 대해 줄 때까지는 존경의 표시를 해야겠지. 허락한다면 이름을 불러 주려고. 딩가딩거. 왜 이 이름을 지었는지는 다음에 이야기해 줄게.

1에게

P.S. 괄호 안에 들어갈 시구는 "복잡하고 긴 나눗셈"이야.

* T. S. 엘리엇, 이주희 옮김, 〈마카비티: 정체불명 고양이〉, 시공주니어.

제 5화

브레인 콘택트, 아빠의 머릿속 세계

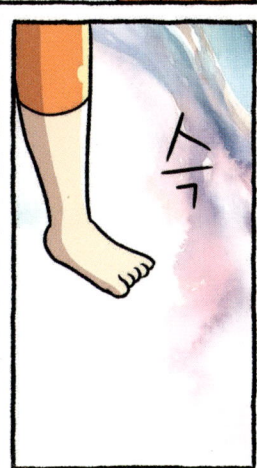

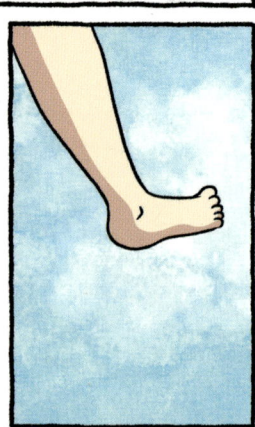

고양이가 나나 너와 닮았음을,
여러 생각을 가진 여러 사람과
많이 닮았음을 알겠지.
누구는 제정신이고 누구는 미쳤고
누구는 착하고 누구는 못되고
누구는 좀 낫고 누구는 좀 못하고.
하지만 모두 반대로도 말할 수 있어.
너는 고양이들이 일하거나
노는 것을 보았고, 고양이의 진짜 이름과
고양이의 버릇이며 사는 곳을 알았어.
그런데 고양이에게는 어떻게 말을 걸지?

- 〈고양이에게 말 걸기〉 중*

도대체 어디서 들려오는 소리지?

어?!

…내 신발!

* T. S. 엘리엇, 이주희 옮김, 《주머니쥐 할아버지가 들려주는 지혜로운 고양이 이야기》, 시공주니어.

다시 새로운 공간으로 떨어진 수인은 오른발을 뻗어 허공에 담갔다.

"스윽!

세상이 한 바퀴 돌아가듯 수인의 몸이 빙그르르 돌았다. 천장을 딛고 거꾸로 선 기분이었다. 그러나 발이 닿으면 금방 다시 천장과 바닥이 사라져 버리고 수인은 처음의 아무것도 없는 세상으로 돌아왔다.

"우아!"

수인이 발을 디딜 때마다 또 다른 문이 생겼다. 문안으로 들어서면 계속 다른 세상이 펼쳐졌다.

온통 하얀 세상은 아무것도 없는 것처럼 보이지만, 그렇지 않았다. 끝없이 걸어도 처음 시작한 곳으로 돌아오고, 또 어느 자리에 서 있느냐에 따라 세상이 달라졌다.

있지만 없는 방이 계속 나타났다. 그야말로 있지만 없는 숫자 0의 방이었다. 0은 수인의 숫자였다.

딩가딩거가 수인의 손을 잡아당기며 재촉했다.

"이리로 와!"

딩가딩거는 아빠의 머릿속 세계를 안내하는 안내자 같았다. 딩가딩거와 함께라면 안전하게 이 세계를 탐험할 수 있으리라는 믿음이 생겼다.

"귀를 기울이면 변화를 느낄 수 있을 거야."

그사이 소리가 바뀌었다. 공처럼 둥글게 생긴 것들이 자유롭게 떠다니다가 각자의 궤도를 따라 일정한 속도로 움직였다. 그러자 조화로운 울림이 메아리쳤다. 사방에서 둥둥거리던 어지러운 진동이 점차 소리로 바뀌었고, 이내 아름다운 화음을 이루었다.

"여기서는 우주가 들려주는 천상의 노래를 들을 수 있어. 천구의 음악은 멋진 화음이거든!"

딩가딩거가 말했다.

"다음 장소로 가려면 문제를 맞혀야 해. 자, 이제 손가락을 한번 펴 봐."

수인이 손가락 열 개를 펼치자 딩가딩거가 그중 네 개를 도로 접었다.

"이게 단서야. 이걸 보고 어떤 문제를 낼지 맞혀 봐!"

딩가딩거는 재밌다는 듯 꼬리를 살랑살랑 흔들며 말했다.

"문제? 답이 아니라 문제를 맞히라고? 그건 아빠가 하던 추리 게임이잖아."

딩가딩거는 살며시 미소를 지었다.

"천구의 음악…… 화음…… 손가락 여섯 개?"

수인은 딩가딩거가 했던 말을 되뇌었다.

딩가딩거의 목소리가 아빠의 머릿속 세상에 울려 퍼졌다. 답이 아니라 문제를 맞혀야 하는 게임. 딩가딩거는 알 수 없는 말만 남긴 채 사라졌다.

그때였다. …… 삐삐삐삐! 삐삐삐삐! 삐삐삐삐!

희미했던 기계음이 점점 크고 또렷하게 들려왔다.

"괜찮니?"

첸 박사가 수인의 얼굴을 들여다보며 물었다.

"꿈을 꾼 것 같아요."

수인은 금방 잠에서 깨어난 사람처럼 멍한 상태였다.

"당장은 몽롱하겠지만 시간이 지나면서 점차 기억이 또렷해질 거야."

첸 박사가 수인의 몸에서 장치를 제거하며 말했다. 영지 씨와 제인이 걱정스러운 표정으로 수인을 바라보고 있었다.

"수인아, 어디 아픈 데는 없니?"

영지 씨는 수인을 살피느라 정신이 없었다.

말없이 서 있던 제인은 미세하게 떨리는 수인의 손을 살며시 잡아 주었다. 수인의 귓가에 딩가딩거의 마지막 말이 메아리처럼 울려 퍼졌다.

'0과 1을 더하면 어떻게 될까?'

수인은 딩가딩거의 말을 어디서 들었었는지 기억을 되살려

보았다.

'아, 아빠가 편지에 쓴 문장!'

그런데 말이야, 이상하게도 0과 1이라고 이름 짓고 나니까 기호 0과 1이 아니라 수 0과 1인 것 같아서 자꾸 더하고 빼고 싶어지네. 과연 수인이와 제인이를 더할 수 있을까?

첸 박사와 가족들은 이 박사의 집으로 돌아가기 위해 전차에 올랐다. 수인은 손가락 열 개를 펼쳤다가 네 개를 접었다. 머릿속이 뒤죽박죽이었다.

수학과 추리의 공통점

`0과`

어릴 때 아빠도 너희처럼 추리 소설을 좋아했어. 자라면서 19세기 유럽에 추리 소설 열풍을 일으킨 〈셜록 홈스〉 시리즈를 즐겨 읽었고, 한동안 《오리엔트 특급 살인》 등 다양한 작품에서 활약한 명탐정 에르퀼 푸아로에 푹 빠져 있었단다.

사전에서 추리(推理)라는 단어를 찾아보면 '알고 있는 것을 바탕으로 알지 못하는 것을 미루어서 생각함.'이라고 풀이해. 사람들이 '논리적 사고'라고 하는 것과 아주 유사하지. 우리가 세상을 공부하고 이해하는 과정 자체가 추리이기도 하다는 얘기야.

비는 왜 올까? '공기 중에 있는 수증기 알갱이가 온도가 내려가면 서로 엉겨 붙

어서 무거워지니까 비가 되어 내린다.'라고 답할 수 있겠지. 이 답이 맞는지 확인하려면 여러 가지 추론이 필요해. 과연 공기 중에 수증기가 있다는 주장은 사실일까? 온도가 내려가면 수증기 알갱이가 서로 붙어서 점점 커진다고 했으니까 차가운 물건을 따뜻한 공기에 집어넣으면 물방울이 맺히겠네? 등등. 이 예시에서 '비'가 범죄 사건이라면 '수증기'가 범인이고 '떨어지는 온도'가 범죄 동기가 될 거야.

홈스나 푸아로 같은 탐정은 미궁에 빠진 현장에서 중요한 단서를 발견하고 추리로써 범인을 찾아 사건의 전말을 밝혀내. 이들이 수수께끼를 풀 때 얼마나 과학적이고 논리적인 추론을 하느냐가 추리극의 재미라고 할 수 있지. 흥미로운 건 과학자들도 탐정처럼 추리를 통해 문제를 해결한다는 거야.

'원자란 무엇인가?'라는 문제는 20세기 최대 수수께끼 중 하나였어. 수많은 과학자들이 달려들어 마침내 잡아낸 범인은 '슈뢰딩거 방정식'이었단다. 흠, 방정식이 범인이라니 이상하지? '암흑 물질'과 같이 아직까지 풀지 못한 수수께끼도 많아. 지금도 많은 과학자가 범인의 정체를 밝히려고 노력하고 있어.

이런 과정은 우리가 자주 했던 추리 게임처럼 현상을 관찰하고 질문을 찾는 것에서 시작해. 제대로 된 질문을 해야 제대로 된 답을 찾을 수 있겠지? 문제 하나 내 볼게. 6을 완전수라고 한 수학자가 있어. 과연 누가, 왜 6에 완전수라는 이름을 붙였는지 확인하고 질문을 찾아보렴.

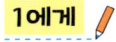

제6화

집 안 곳곳 숨겨진 단서 찾기

"이게 뭐 같아?"

수인이 제인에게 손가락 여섯 개를 펴 보였다.

"여섯 개? 6이잖아. 왜?"

"이걸 보고 문제를 찾으래."

"무슨 문제가 그래?"

수인이 모르겠다는 듯이 어깨를 으쓱이고는 속삭였다.

"딩가딩거를 만났어."

"딩가딩거? 아빠 머릿속에 딩가딩거가 있다고?"

"응. 근데 하는 행동이 꼭 아빠를 닮았어. 그러니까 이 문제는 아빠와 연결된 것 같아."

"아빠와 6이라……."

그때 제인의 머릿속에 무언가 스쳐 지나갔다.

"아! 아빠의 편지에 6에 관한 문제가 있었어."

"6이 완전수라고 했잖아. 누가, 왜 6에 완전수라고 이름 붙였는지 확인하고 질문을 찾아보라고 했는데……, 기억나?"

제인이 신이 나서 말하자 수인도 기억이 떠올랐다.

"그래, 기억난다! 6의 약수 1, 2, 3, 6! 자신을 제외한 약수, 그러니까 6을 제외하고 더한 수가 자기 자신이 되는 양의 정수를 완전수라고 하잖아."

"수인! 넌 정말 천재야."

제인의 칭찬에 수인이 싱긋 웃었다.

"완전수와 천구의 음악. 그리고 화음과 관련된 사람은……?"

"피타고라스!"

쌍둥이가 동시에 외쳤다. 아빠가 자주 얘기하던 수학자, 바로 피타고라스였다!

"이렇게 쉬운 문제라고?"

답을 찾았다는 기쁨도 잠시, 제인이 의심하며 말했다.

"답은 쉽지만, 피타고라스가 어떤 질문에 대한 답이냐는 게 문제지."

수인은 '질문'이라는 단어를 중얼거리다 퍼뜩 떠올렸다.

"문제가 또 있었어. 0과 1을 더하면 어떻게 될까? 누구나 아는 1이 답은 아니겠지?"

"0과 1을 더한다? 그건 0과 1의 힘을 합친다는 뜻 아냐?"

"맞아, 그 말은 우리가 힘을 합친다는 뜻일 거야. 그래야 아빠를 도울 수 있어!"

제인과 수인이 머리를 맞대고 문제를 푸는 사이 전차가 하얀 수증기를 뿜어내며 멈춰 섰다. 첸 박사와 영지 씨 그리고 쌍둥이는 비밀 통로를 나와 거실로 올라갔다.

"우리 수인이 괜찮은 거죠?"

영지 씨가 물었다.

"그럼요, 걱정 마세요. 저렇게 씩씩하잖아요."

첸 박사가 쌍둥이를 보며 미소 지었다.

첸 박사가 돌아가고 얼마 후, 영지 씨가 쌍둥이의 방문을 살며시 열어 보았다. 쌍둥이는 잠든 척했다. 아이들이 곤히 잠들었다고 생각한 영지 씨는 옆방으로 들어가 몸을 눕혔다.

영지 씨 방에 불이 꺼진 것을 확인한 수인과 제인은 조용히 일어나 지하 음악실로 내려갔다. 그리고 아빠의 메모에 따라 다음 단계를 진행했다.

0과 1이 더해지는 순간, 문제가 풀렸다. 언젠가 아빠는 제인과 수인에게 숫자 0부터 31까지를 다섯 손가락으로 세는 법을 가르쳐 주었다. 접은 손가락은 0, 편 손가락은 1을 뜻하는 손가락 숫자는 이진법 수를 표현하는 것이었다.

"이 손가락 숫자는 6을 뜻해. 딩가딩거가 보여 준 수도 6, 바로 이곳의 비밀번호였어."

"잠깐, 비밀번호는 다섯 자리인데?"

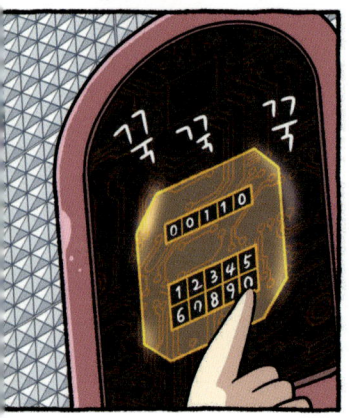

쌍둥이는 앞도 보이지 않을 만큼 어두운 터널 앞에서 겁을 먹고 뒤로 주춤 물러났다.

"어떡해?"

제인이 수인을 보며 물었다.

"뭘 어떡해. 일단 들어가 봐야지."

제인은 달라진 수인을 보며 피식! 웃음이 나왔다. 수인이 먼저 발걸음을 떼 터널로 향했다.

파밧! 팟! 괴물의 목구멍처럼 어둡던 터널 안에서 노란 전등이 차례차례 켜졌다. 어서 들어오라는 신호처럼 보였다. 누가 먼저랄 것도 없이 쌍둥이는 서로의 손을 꽉 잡았다. 마침내 0과 1이 힘을 합쳐 앞으로 나아갔다.

손가락으로 수를
얼마나 셀 수 있을까

0과

예전에 아빠가 손가락 수 세는 법을 알려 준다고 했던 거 기억하니?

손가락 수를 사용하면 열 손가락으로 10이 아닌 더 큰 수를 쉽게 표현할 수 있다고 했지. 제인이가 잘 알고 있는 손가락으로 전달하는 언어인 수화와는 조금 다른 손가락 수를 표현하는 방법을 이야기해 볼게.

손가락 수를 이해하려면 우선 오른손 하나면 충분해. 아빠의 세계인 수인이와 제인이, 0과 1로 세는 이진법을 사용할 거거든. 손바닥이 보이도록 한 다음 손가락을 펴면 1, 접으면 0이라고 읽는 거야. 새끼손가락부터 엄지손가락 순서대로 읽고, 각각의 손가락이 자릿수라고 생각하면 돼.

모든 손가락을 접으면 00000이 되어서 0을 나타내고, 엄지만 편다면 00001이 되어서 1이 된단다. 2는 어떻게 표현할까? 손가락 수는 이진법을 나

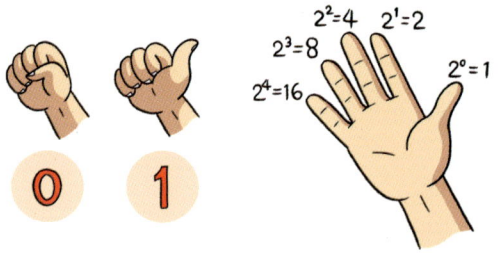

타내는 거라서 0과 1 다음의 2를 표시하려면 자릿수가 늘어 10으로 나타내야 해. 십진법에서 9 다음에 자릿수가 늘어 10이 되는 것처럼 말이야.

손가락 수로 2를 표현한다면 누군가를 가리킬 때처럼 검지손가락 하나를 펴야하지. 그렇다면 3은 어떻게 해야 할까? 2를 표시하는 검지손가락 하나에 숫자 1을 나타내는 엄지손가락을 더하는 거니까 엄지와 검지를 편 모습이란다. 마치 권총 같기도 하고, 가위바위보의 가위 같기도 하지.

이렇게 손가락 수를 세서 다섯 손가락을 다 펴면 11111이 되겠지? 그렇다면 한 손으로 표현할 수 있는 가장 큰 수는 얼마일까?

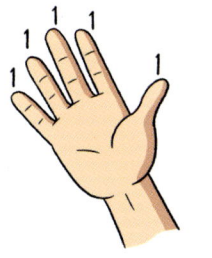

자, 그럼 양손으로 셀 수 있는 가장 큰 수는 손가락을 모두 편 1111111111이 될 거야. 이 수를 마찬가지로 우리가 흔히 사용하는 십진법으로 바꿔 보면 얼마일까?

$$2^9 + 2^8 + 2^7 + 2^6 + 2^5 + 2^4 + 2^3 + 2^2 + 2^1 + 2^0 = 1023$$
$$512 + 256 + 128 + 64 + 32 + 16 + 8 + 4 + 2 + 1 = 1023$$

아빠가 손가락 수로 셀 수 있는 가장 큰 수라고 말했던 1023이 된단다! 1024를 이진법으로 표현하면 10000000000, 11자리가 되기 때문에 열 개의 자릿수가 한계인 손가락 수로는 표현할 수 없어.

　0과 1을 어느 손가락으로 표시하는가에 따라 무려 1023가지의 수를 표현할 수 있다는 게 재미있지 않니?

　자, 이제 손가락 수를 셀 수 있게 되었으니 아빠가 좋아하는 이 손가락 수를 읽어 보렴.

　아빠가 이 손가락 숫자를 좋아하는 이유는, 19가 17과 쌍둥이 소수인 동시에 수화로 '사랑해.'라는 뜻이기 때문이야. 수인이, 제인이가 아빠 마음까지 읽어 주었을까?

고양이가 나나 너와 닮았음을,

여러 생각을 가진 여러 사람과

많이 닮았음을 알겠지.

누구는 제정신이고 누구는 미쳤고

누구는 착하고 누구는 못되고

누구는 좀 낫고 누구는 좀 못하고.

하지만 모두 반대로도 말할 수 있어.

너는 고양이들이 일하거나 노는 것을 보았고,

고양이의 진짜 이름과

고양이의 버릇이며 사는 곳을 알았어.

그런데

고양이에게는 어떻게 말을 걸지?

- 〈고양이에게 말 걸기〉, 중*

* T. S. 엘리엇, 이주희 옮김, 《주머니쥐 할아버지가 들려주는 지혜로운 고양이 이야기》, 시공주니어.

만든 사람들

기획 김민형 영국 에든버러 국제수리과학연구소장이자 에든버러대학교 수리과학 석학 교수이며, 한국고등과학원 석학 교수입니다. 한국인 최초로 옥스퍼드대학교에서 수학과 교수를, 워릭대학교에서 세계 최초로 '수학 대중화' 석좌 교수를 지냈습니다.

글 김태호 동화 〈기다려!〉로 제5회 창비어린이 신인문학상을 받으며 작품 활동을 시작했습니다. 동화책 《네모 돼지》《제후의 선택》《신호등 특공대》 등을 썼고, 그림책 《아빠 놀이터》《엉덩이 학교》《섬이 된 거인》을 쓰고 그렸습니다.

그림 홍승우 홍익대학교 시각디자인과를 졸업하고, 가족의 일상을 따뜻한 시선으로 그린 만화 《비빔툰》으로 만화 활동을 시작했습니다. 어려워 보이는 과학을 쉽고 재미있는 만화로 전달하는 것을 좋아한답니다. 그린 책으로 《올드》〈초등학생을 위한 양자역학〉(전 5권)〈수학영웅 피코〉(1, 2권)〈빅뱅스쿨〉(전 9권) 등이 있습니다.

기획 고래방(최지은) 과학 동화 시리즈 《별이 된 라이카》《생쥐들의 뉴턴 사수 작전》《외계인, 에어로 비행기를 만들다!》와 어린이를 위한 SF 《끼익끼익의 아주 중대한 임무》, 청소년을 위한 〈빅히스토리〉(전 20권) 등 60여 권을 기획했습니다.

기획 김명철 서울대학교 심리학 박사로, 어려서부터 과학적 상상력이 담긴 SF에 빠져 다양한 콘텐츠를 읽고 보았습니다. 〈SF 읽어주는 심리학자〉 칼럼을 연재했으며, 지은 책으로 《다를수록 좋다》《지구를 위하는 마음》 등이 있습니다.

콘셉트 아트 박지윤 캘리포니아예술대학 졸업 후 픽사 스튜디오에서 〈온워드〉〈엘리멘탈〉 등의 애니메이션 캐릭터 디자인과 콘티 작업을 했습니다. 현재는 핑크퐁 등 국내 스튜디오와 함께 영화 스토리보드를 그리고 있습니다.

콘셉트 아트 강푸름 한국예술종합대학에서 무대미술을 전공하고 연극 〈그리멘토〉〈연안지대〉 등에서 소품, 조명, 공간 디자인 작업을 해 왔습니다. 수학을 예술적 이미지로 구현한다는 점이 흥미로워서 이 프로젝트에 참여했습니다.

김민형 교수의
수학 추리 탐험대
1. 0과 1의 세계: 사라진 수학자

초판 1쇄 2024년 7월 25일
초판 3쇄 2024년 9월 10일

기획 김민형, 고래방   글 김태호   그림 홍승우
펴낸이 문태진   본부장 서금선
책임편집 이은지   편집 한지연   디자인 씨오디

마케팅팀 김동준, 이재성, 박병국, 문무현, 김윤희, 김은지, 이지현, 조용환, 전지혜
디자인팀 김현철, 손성규   저작권팀 정선주
경영지원팀 노강희, 윤현성, 정헌준, 조샘, 이지연, 조희연, 김기현
펴낸곳 ㈜인플루엔셜   출판신고 2012년 5월 18일 제300-2012-1043호
주소 (06619) 서울특별시 서초구 서초대로 398 Bnk디지털타워 11층
전화 02-720-1034(기획편집) | 02-720-1024(마케팅)   팩스 02-720-1043
전자우편 books@flinfluential.co.kr   홈페이지 www.flinfluential.co.kr

© 김민형, 홍승우, 고래방 2024

ISBN 979-11-6834-211-8 74410
      979-11-6834-210-1 (세트)

* 이 책은 저작권법에 따라 보호받는 저작물이므로 무단 전재와 무단 복제를 금하며, 이 책 내용의 전부 또는 일부를 이용하려면 반드시 저작권자와 ㈜인플루엔셜의 서면 동의를 받아야 합니다.
* 잘못된 책은 구입처에서 바꿔 드립니다.   * 책값은 뒤표지에 있습니다.
* 북스그라운드는 ㈜인플루엔셜의 어린이책 브랜드입니다.
* 북스그라운드는 어린이들이 마음껏 상상하며 성장할 수 있는 토대를 만들고자 합니다.
* 참신한 원고가 있으신 분은 연락처와 함께 letter@influential.co.kr로 보내 주세요.

KC마크는 이 제품이 공통안전기준에 적합하였음을 의미합니다.
제조국: 대한민국   사용연령: 8세 이상
주의 사항: 책의 모서리에 다치지 않게 주의하세요.